위대한 용서

인생의 난해한 질문과 깊은 상처에 대한 성경적 해답

크리스 브라운스

Unpacking Forgiveness

Copyright © 2008 by Chris Brauns
Published by Crossway Books
a publishing ministry of Good News Publishers
Wheaton, Illinois 60187, U.S.A.

This edition published by arrangement
with Good News Publishers
through rMaeng2.
All rights reserved.

Korean Edition Copyright © 2009 by Mission World Library Inc., Seoul, Republic of Korea

위대한 용서

UNPACKING FORGIVENESS

Chris Brauns 저 | 이영자 번역

미션월드

위대한
용서

초판 1쇄 발행 | 2009년 11월 12일
개정 1쇄 발행 | 2013년 11월 30일

펴낸이 | 강안삼
지은이 | 크리스 브라운스
옮긴이 | 이영자
책임편집 | 김윤지
북디자인 | 공간42 이용석 www.gongan42.com
펴낸곳 | 미션월드

등록번호 | 제4-234호(1993. 11. 11)
주소 | 143-901 서울 광진구 중곡3동 187-23
홈페이지 | www.Godfamily.kr
공식블로그 | http://blog.naver.com/openfamily
전화 | 02)462-5711   팩스 | 02)462-5718

가격 11,000원
ISBN 978-89-5740-224-5 03230

잘못 만들어진 책은 교환해 드립니다.

* 본 저작물의 한국어판 저작권은 알맹2 에이전시를 통하여 Good News Publishers 와 독점 계약한 미션월드라이브러리에 있습니다. 신 저작권법에 의하여 한국 내에서 보호받는 저작물이므로 무단전재와 무단복제를 금합니다.

미 · 션 · 월 · 드 · 의 · 출 · 판 · 생 · 각

 삶을 변화시키는 책

미션월드는 영적 선각자들의 영감 있는 책들을 발간함으로 그리스도인의 삶의 변화를 추구합니다.

 가정을 살리는 책

많은 가정이 무너지고 있습니다. 그리고 무너지는 가정을 통해 우리 내면의 병든 모습을 바라보게 됩니다. 가정을 살리는 것이 교회를 바로 세우는 길임을 알기에 미션월드는 오늘도 능력 있는 가정 책자를 발간합니다. 내 가정을 작은 교회로 만들기 위함입니다.

 교회를 새롭게 하는 책

가정과 교회는 목회의 동반자라는 확신 아래 미션월드는 교회를 올바르게 세우는 사역의 비전을 가지고 있습니다. 이를 위해 옳게 쓰여진 목회 도서를 발간합니다.

상처가 생기는 것은 누구에게나 있는 자연스런 일이지만, 이 책을 통해 우리는 그 상처로 인한 아픔을 지혜롭게 대처할 수 있는 방법을 발견하게 된다. 13년 전, 교통사고로 일시에 여섯 자녀를 모두 잃게 된 우리 부부는 극심한 고통 속에서 용서에 대한 성경의 가르침을 탐구해왔다. 그러던 중 크리스 브라운스 박사를 만나게 되었는데, 그는 이 책을 통해 그간 우리가 성경에서 찾았던 해답에 확신을 줄 뿐 아니라, 하나님과 사람과의 올바른 관계를 위해 우리가 무엇을 어떻게 해야 하는지를 깨닫게 해주었다. 이 책은 저자가 가슴으로 쓴 노작[勞作]이다.

• 스캇&자넷 윌리스 부부 / Scott and Janet Willis

용서는 성경의 가장 중요한 주제 중 하나임에도 여전히 많은 사람들에게 잘못 받아들여지고 있다. 저자는 이러한 오해를 불식시키고, 우리가 용서의 성경적 본질을 온전히 이해할 수 있도록 심혈을 기울여 이 책을 서술했다. 모든 그리스도인이 이 책을 읽고 적용하는 가운데 많은 유익을 얻게 되길 바란다.

• 제리 브리지스 / Jerry Bridges. 「거룩한 삶의 추구」(네비게이토) 저자

용서란 과연 무엇이며, 어디서부터, 어떻게 해야 하는 것일까? 이는 많은 사람들로 하여금 끊임없이 질문을 던지게 하는 주제 중 하나다. 저자는 이 질문에 대해 주변의 실례를 통해 성경적 관점에서 용서를 베풀 수 있는 방법을 제시해준다. 깊은 상처를 받았을 때, 우리가 취할 수 있는 유일한 방법은 하나님의 성품을 묵상하면서 그분을 닮아가고 그 안에서 기뻐하는 것이다. 이 책을 읽은 후 삶을 변화시키는 하나님의 능력을 체험하게 될 것이다.

• 레이 프리쳐드 / Ray Pritchard. 믿음 사역회(Keep Believing Ministries) 회장

내가 어렸을 때, 할머니는 "건강한 인간관계란, 용서할 줄 아는 사람 사이에서만 가능한 법이란다"라고 종종 말씀하셨다. 용서에 대한 바른 이해와 실천에 관해 말해주는 이 책은 우리 할머니 말씀과 똑같다. 성경적으로 바르고, 신학적으로도 해박하며, 풍부한 사례와 심오한 접근을 통해, 저자는 용서란 복음의 핵심임을 보여주고 있다. 이 책은 관계에서 야기되는 상처와 그로 인한 고통에서 해방될 수 있는 통찰력을 제시해 줄 것이다. 그리스도인의 필독서이며, 마땅히 그렇게 실천해야 할 내용이기에 기꺼이 추천하는 바이다.

• 툴리안 치비쟌 / Tullian Tchividjian, 뉴시티 교회(New City Church) 설립목사.
「나는 하나님을 알고 있나?」(Do I Know God?) 저자

브라운스 박사는 용서의 확실한 모델을 명쾌하게 제시한다. 저자 자신이 용서의 문제로 고뇌하고 질문하고 답하면서, 그리스도를 영화롭게 하는 용서의 방법이 어떤 것인지 지침을 제시해준다. 이에 적극 추천하는 바이다.

• **존 데이** / John N. Day, 벨리우드(Bellewood) 장로교회 목사, 「정의를 위한 울부짖음」(선교횃불)의 저자

오늘날, 용서의 복음적 실천보다 더 중요한 과제는 없다고 해도 과언이 아닐 것이다. 그리스도인은 성경에서 용서에 대해 어떻게 가르치고 있는지 반드시 알아야 한다. 이 책을 통해 저자는 삶의 현장인 직장에서 뒤틀려진 인간관계로 인해 용서하지 못한 채 상처를 안고 살아가는 이들에게 용서하고 또 용서받는 하나님의 법을 지혜롭게 제시해준다.

• **리곤 던컨** / Ligon Duncan, 제일 장로교회 담임목사, Alliance of Confessing Evangelicals 회장

용서보다 더 어렵고 거룩한 것이 있을까? 부도덕한 세상을 살아가는 우리에게는 용서하고, 용서받아야 할 상황들이 수없이 많다. 이 책에서 저자는 용서에 대해 손쉬운 답변이 아닌, 철저하게 성경을 근거로 오직 하나님의 지혜만을 찾는다. 오랜 목회경험과 깊이 있는 성경지식에서 배어 나오는 최적의 비유와 예화를 통해, 진지하면서도 유머러스한 방법으로 독자의 이해와 실천을 촉구하고 있다. 이 책이 제시하는 바를 따르게 될 때, 모든 독자는 큰 도움을 얻게 될 것이다. 당신에게 이 축복이 있기를 바란다.

• **팀 챌리스** / Tim Challies, 「영적도약을 위한 준비」(미션월드)의 저자

목차
UNPACKING FORGIVENESS

감사의 글 — 012

제1장 • 용서의 시작	015
제2장 • 용서의 동기	031
제3장 • 용서의 정의: 하나님의 방법	043
제4장 • 용서에 대한 그리스도인의 정의	059
제5장 • 감정 그 이상의 것	073
제6장 • 오르막은 내리막	091
제7장 • 절박한 상황에서의 용서	107
제8장 • 그냥 지나쳐 버려야 할까?	123
제9장 • 용서, 어떻게 시작해야 할까?	137
제10장 • 용서하지 않겠다면 어떻게 해야 할까?	161
제11장 • 회개하지 않는 사람에게 어떻게 반응해야 할까?(I)	177
제12장 • 회개하지 않는 사람에게 어떻게 반응해야 할까?(II)	195
제13장 • 비통함을 어떻게 극복할 수 있을가?	215
제14장 • 어떻게 떨쳐 버릴 수 있을까?	237
제15장 • 그리스도인들이 일치하지 못한다면?	257
제16장 • 결론	273

사랑하는 아내, 제이미(Jamie)에게

내 인생에 창세기 2장 18절의 은혜와 진리인 당신에게
이 책을 바친다.

감사의 글

이 책이 출판되기까지 도움을 주신 모든 분들을 일일이 거명하여 감사를 표하자면 책 한 권은 될 것이다. 그 중에서도 간과할 수 없는 분들이 있기에 이 글에서 감사의 마음을 전하고 싶다. 샤논과 그녀의 남편 캔이 맨 처음 이 책의 집필을 권한 분들이다. 조이 맥캐난의 존재자체가 내게 특별한 은혜였다. 그녀는 내 어눌한 영어 부정사들을 수정해 주었고, 릭 웰스는 원고 중에서 매끄럽고 알맞은 크기의 돌멩이들만 남도록 잔모래를 걸러내는 일을 해 주었다.

하나님은 내 생각을 명쾌하게 정리하도록 많은 이들을 동원하셨다. 그 중에서도 피터 오스본을 비롯한 그랜드 래피드 신학교 및 골든 콘웰 신학교 교수진들과 데이브 터너, 해돈 로빈슨과 래스 플랜더스, 칩

버나드, 톰 프라이스, 데이브 힐스, 팀 존슨, 제프 도지와 같은 친구들에게 감사를 표한다. 처음 이 책의 자료들을 모으기 시작한 래지 침례교회와 앤드류 포드, 브라이언 맥클라렌과 존 램크, 이들 3인방에게 감사한 마음을 전한다.

   본서의 모호한 제목들을 철저히 조사해준 줄리아 홀 마을도서관에 기쁨으로 감사드린다. 성탄절 연휴에도 우리 특별우편물 발송을 잘 처리해주신 우체국의 킴에게도 감사의 말을 전한다. 집 근처의 로열 블루 레스토랑은 혼자 가서 따끈한 식사와 블랙커피 한 잔을 시켜놓고 여유롭게 글을 쓰기에 안성맞춤이었다. 특별히 스틸맨 밸리의 크리스천 교회에서 목사로 섬길 수 있었음을 감사한다. 이 교회의 많은 지체들의 도움으로 나의 생각을 정리할 수 있었다. 진정으로 사랑한다고 말하고 싶다.

나의 대리인이 되어준, 크레도 커뮤니케이션사의 팀 빌스와 이 책의 출판을 맡아 준 크로스웨이 출판사에 감사드린다. 그리고 이 책이 나오기까지 인내하며 도와준 알렌 피셔, 테드 그리핀, 조시 데니스와 질 카터에게도 고마움을 전하고 싶다.

마지막으로 우리 아이들 자랑을 좀 하고 싶다. 가끔은 내 농담에 웃어줄 줄 아는 예리한 사고력을 지닌 앨리슨, 감성적이면서도 격려의 말을 건넬 줄 아는 크리스토퍼, 하나님이 이 책을 어떻게 사용하실지에 관해 가장 확고한 믿음을 보였던 벤자민, 그리고 누구보다 진지하게 기도해준 네 살 박이 딸 메리 베스(내가 원고를 쓰고 있는 동안에는 인형과 소곤소곤 얘기하는 배려를 보여주었다)에게 고맙다는 말을 하고 싶다. 이 모든 것 위에, 미소가 아름다운 나의 아내를 허락하신 하나님께 감사드린다. "덕행 있는 여자가 많으나 그대는 모든 여자보다 뛰어나다 하느니라"(잠 31:29).

끝으로 모든 감사와 영광을 만물보다 먼저 계신 예수 그리스도(골 1:17), 우리 주님께 돌린다

제1장
용서의 시작

수고하고 무거운 짐 진 자들아 다 내게로 오라
내가 너희를 쉬게 하리라 (마 11:28).

그러므로 지친 자나 감금 된 자, 포로 된 자, 광야에 있는 자는 누구
든지 메마른 땅에 그늘 되시며 복되신 예수님께 나아오라.
지체 말고 속히 일어나 나아오라.

조나단 에드워즈

제니퍼 톰슨(Jennifer Thompson)과 나는 서로 잘 모르는 사이였다. 그녀는 노스캐롤라이나 주 출신이고, 나는 아이오와 주에서 성장했기 때문에 만날 일이 전혀 없었다. 그러나 우리는 1984년에 대학에 입학한 동기생으로서 추억거리들을 함께 공유하고 있었다. 당시 우리는 케니 로긴스의 '마음대로'(Footloose)라든지, 필 콜린스의 '역경을 딛고'(Against All Odds) 등과 같은 노래들을 즐겨 부른 세대이다. 중서부에 위치한 우리는 유행에 좀 뒤진 거의 비슷한 옷들을 입고 다녔는데, 그 옷을 입고 옥수수 밭에 들어서면 찾아낼 수 없을 정도로 온통 푸르죽죽한 옷들이었다. 그렇지만 그녀는 나와는 너무 달랐다. 그녀는 줄곧 평점 4.0을 유지하는 우등생이었고, 당시 내가 잘 하는 것이라고는 스퀴즈라는 농구팀에서 활약한 것뿐이다. 또한 제니퍼는 대학동창축제 때 홈커밍 퀸으로 선발된 이력도 있다. 나도 그랜드 레밍이라는 상을 수상했긴 했지만, 홈커밍 퀸에 비하면 사실 별것 아니었다.

어느 날, 1984년 가을이었다. 밤에 한 남자가 제니퍼의 아파트에 침입해 그녀의 목에 칼을 들이대고, 성폭행을 한 사건이 있었다. 이것은 그녀의 인생을 끝장냈을 수도 있었던 일이었다. 그러나 의지가 강한 제니퍼는 이런 악몽 같은 시련 속에서도 가해자의 얼굴에 있는 문신이라든지 흉터를 꼼꼼하게 기억해 내서 범인을 찾을 단서들을 수집했다. 그녀는 "내가 범인을 찾으면 그 놈을 감방에 집어넣어, 평생 폐인으로 만들어 버릴 테다"라고 단단히 결심하고 있었다.

수일 후, 그녀는 경찰서에서 수배 중인 용의자 사진들 속에서 그 강간범을 식별해냈고, 마침내 법정에서 성경에 손을 얹고 담대하게 증언했다. 그 범인의 이름은 로날드 코튼이었다. 그리하여, 로날드 코튼은 무기징역을 선고 받았다. 제니퍼는 속이 후련했다. 이제 무거운 짐을 벗었으니, 다시 예전처럼 씩씩하게 살아갈 수 있을 것 같았다. 그러나 당시 그녀는 그 끔찍한 사건 때문에 평생 짊어져야 할 짐의 무게를 전혀 예상하지 못했다.

예수님의 초청

당신은 어떤가? 당신도 무거운 짐을 지고 살아가는가? 문제와 상처들이 당신을 짓누르고 있는가? 어쩌면 당신의 짐 속에는 다른 사람에게 이용을 당했다거나 이혼, 혹은 씻을 수 없는 자신의 부정이나 과실도 있을 것이다. 그렇다면, 당신은 그 짐을 어떻게 벗어버리고 처리할 것인가? 당신이 지기에 너무나 무거운 짐을 지고 있다면 "수고하고 무거운 짐 진 자들아 다 내게로 오라 내가 너희를 쉬게 하리라"(마 11:28)는 예수님의 초청을 받아들이기 바란다.

지금 예수님께서는 깨어진 인간관계로 인한 무거운 짐에 짓눌려 있는 모든 이들을 부르고 계신다. 이 말씀의 문맥상 의미는 예수님이 복잡한 종교제도에 매어 힘들어하는 사람들에게 쉼을 주신 것이다. 1세기의 바리새인들은 복잡한 규례들을 제정했는데, 처음에 그 규례의 목적은 사람들을 보다 더 의롭게 하는데 도움을 주기 위한 것이었다. 그러나 너무 사소한 일에 초점을 맞추다보니 정의라든지, 긍휼, 믿음과 같은 더 중요한 본질들을 놓치게 되었다(마 23:23). 그래서 예수님께서는 바리새인들을 향해 '낙타는 삼키면서 하루살이는 걸러내는 자'들이라고 꾸짖으셨다. 종교적 하찮은 일에 대한 열심이 사람들을 지치게 했던 것이다(마 23:4, 24).

깨어진 관계로 인한 짐은 당시 바리새인들의 종교적인 제도나 규례만큼이나 오늘을 살아가는 우리들도 지치게 한다. 부모님과의 관계 때문에 괴로워하는가? 깨어진 결혼생활 때문에 지속적인 죄책감에 시달리고 있는가? 철저하게 이용당했다는 억울한 생각 때문에 비통함에 휩싸여 있는가? 아니면 자신의 실수 때문에 절망하며 환멸을 느끼고 있는가? 그렇다면 예수님께로 나아가야 한다. 그분은 지금 당신을 부르고 계신다. 그분만이 당신에게 진정한 안식을 주실 것이다.

◆◆◆

　종신형을 선고 받은 지 2년 후, 로날드 코튼에게 또 한 번 공판의 기회가 주어졌다. 자신이 아닌 다른 혐의자가 있음을 피고 측에서 제시한 것이다. 제니퍼는 진실을 끝까지 밝히고 말리라는 결연한 의지로 다시 증언대에 섰다. 그녀는 피고 측에서 제시한 다른 혐의자를 본 적이 없다고 증언했고, 결국 로날드 코튼은 다시 유죄가 입증되어 종신형이 확정됐다. 제니퍼는 다시금 정의가 살아있음에 환호했다.

　그 후, 11년의 세월이 흘렀다. 제니퍼는 결혼해서 세쌍둥이의 엄마가 되었고, 1984년의 악몽에서 완전히 벗어났다. 그러던 어느 날, 검사 측에서 그녀에게 한 번 더 협조해 줄 것을 요청했다. DNA 검사를 위해 그녀에게 채혈을 의뢰했던 것이다. 그녀는 조금 의아했지만 이 검사가 로날드 코튼이 진범이라는 입증을 더 확고히 하려는 것이리라 생각하고 협조하기로 했다.

　그런데 상상할 수도 없는 일이 벌어졌다. DNA 검사 결과, 로날드 코튼이 가해자가 아니라는 사실이 밝혀졌다는 것이 아닌가! 바비 풀(제니퍼가 이전에 본 적이 없다고 말했던 바로 그 용의자)이라는 남자가 그녀를 겁탈한 진범이라는 것이었다. 결국, 제니퍼는 엉뚱한 사람을 감옥에 보내 11년이라는 자유의 세월을 빼앗은 셈이 되었다. 그녀는 망연자실했다.

"11년이란 세월을 어떻게 보상하지요?" 그녀는 변호사에게 물었다. 이제 제니퍼는 겁탈이라는 악몽에 자신의 과실에 대한 짐까지 더해져, 예전보다 더욱 괴로워했다.

도입부에서 지적했듯이, 용서의 문제는 너무나 복잡다단하다. 당신이라면 제니퍼와 같은 처지에서 그 짐을 어떻게 풀 것인가? 당신도 복잡하게 뒤엉킨 문제 때문에 지금 절망하고 있을지 모른다. 그래서 도저히 해답이 없는 것처럼 느껴질 수 있다. 그렇다 하더라도 당신에게 답이 있다고 감히 나는 말할 수 있다.

이에 대해 당신은 "그렇지만, 그 말을 믿어야 할지 잘 모르겠군요"라고 할지 모르겠다. 그러나 당신이 할 수 있는 것이 있다. 그것은 지치고 무거운 짐을 진 자를 부르시는 주님의 놀라운 사랑에 당신의 시선을 고정시키는 것이다. 그리고 하나님이 '기묘자(놀라운 상담자)'(사 9:6)이심을 신뢰하는 것이다. '기묘자'로 번역된 이 말은 성경에서 기적을 묘사할 때 사용되었다. 상담자란 문제 해결을 위한 지혜와 지략을 주는 사람을 가리킨다(잠 11:14; 24:6). 당신에게 안식을 주시는 예수님은 지혜로우시며, 완전한 해결자가 되시며, 놀라운 통찰력을 지니신 하나님이시며, 거룩한 안내자이시다. 따라서 그에게 나아오기만 하면, 당신은 깨어진 관계의 지뢰밭을 완벽하게 통과할 수 있는 지혜를 얻게 된다. 단단하게 묶인 매듭을 푸시며, 마음의 깊은 상처를 치유하시는 분! 그분을 소개하는 것만으로도 내겐 너무 영광스러운 일이다.

한편, 제니퍼는 어떻게 되었을까?

'완벽한 증인도 실수할 수 있다'는 제하의 한 신문 기사에서 헬렌 오닐(Helen O' Neill)은 제니퍼가 앞으로 어떻게 삶을 헤쳐 나갔는지 다음과 같이 서술했다.

코튼의 무죄를 알게 된 후 2년 동안 제니퍼는 죄책감을 떨쳐 낼 수가 없었다. 자신이 어떻게 그런 끔찍한 실수를 저지를 수 있었는지 수도 없이 자신을 의심하며 자책했다. 도저히 이해할 수가 없었다. 그리고 자신이 망친 그 사람의 인생을 도대체 어떻게 하란 말인가? 가족과 떨어져 감금된 채 지내야 했던 그 긴 세월들은 또 어떻게 보상해야 할 것인가? 이제 그는 석방됐지만, 그녀가 자신을 증오한 것만큼이나 그 남자도 그녀를 증오하지 않겠는가?

그러던 어느 날, 그녀는 울음을 멈추었다. 자신이 뭘 해야 할지 정확히 깨달았다. 몇 주 후, 제니퍼는 자신이 겁탈 당했던 그 동네의 한 교회를 찾았다. 그녀는 이 순간을 버틸 힘을 달라고, 그리고 로날드 코튼을 대면할 힘을 달라고 기도했다. 그를 만나자 제니퍼는 "죄송합니다. 너무나 죄송해서 남은 여생동안 내가 당신에게 무엇을 어떻게 한다 할지라도 내 마음의 죄책은 없어지지 않을 거예요"라고 사죄했다. 로날드 코튼은 차분히 듣기만 하고 한동안 아무 말이 없었다. 드디어 그가 입을 열었다.

"나는 당신에게 화나지 않았습니다."

그가 작은 소리로 말했다. "당신을 원망한 적이 없습니다. 저는 다만 당신이 행복한 삶을 살아가기를 바랬습니다." 밖에서 가족들이 마음을 졸이며 기다리는 동안, 그들은 두 시간이나 마주 앉아서 뜻하지 않았던 고통스런 기억과 믿음의 능력, DNA의 기적에 대해 이야기를 나누었다.

그리고 그들은 바비 풀(진범)에 대해서도 이야기했다. "우리는 둘 다 희생자입니다"라는 코튼의 말에 제니퍼는 말없이 고개를 끄떡였다. 날이 저물어 그들은 교회당을 나와 각기 집으로 향했다. 주차장에서 울고 있던 가족들은 제니퍼와 로날드 코튼을 껴안았다.

그날 신문 기사에는 로날드 코튼과 제니퍼 톰슨이 함께 공원 의자에 앉아 있는 사진이 실려 있었다. 사진 속에서 가식 없이 웃고 있는 그들의 모습에는 평온한 사람들 사이에서 찾아 볼 수 있는 미소와 화해, 그리고 무거운 짐을 내려놓은 자유함이 있었다.

"어떻게 로날드 코튼은 자신을 잘못 고발한 여자를 그렇게 쉽게 용서할 수 있었단 말인가" 라고 물을지 모른다. 하지만 이 이야기는 실화다! 정말 놀라지 않을 수 없다. 감옥에 있는 동안 로날드 코튼은 진범인 바비 풀을 증오했다. 그래서 그는 쇠 조각으로 칼을 만들어 바비 풀을 죽일 계획까지 세웠다고 했다. 그러나 그의 부친은 그러지 말라고 애원하며, 만일 바비 풀을 죽인다면 그와 똑같은 사람이 되는 거라고 설득했다. 대신에 그리스도에게로 돌아오라고 권했고, 결국 로날드가 그것을 받아들인 것이다. 예수님이야말로 자신의 무거운 짐을 벗겨 주실 수 있는 분이심을 그가 깨닫게 된 것이다. 로날드 자신이 하나님 아버지로부터 자비로운 용서를 받았기 때문에, 제니퍼를 너그러이 용서할 수 있었던 것이다. 자신이 범하지도 않은 죄의 누명을 쓰고 지치고 상한 나날들을 보낸 로날드는 그가 상상할 수 있는 그 이상으로 더 멋지고 자비로우시며 온유하신 구세주를 만난 것이다. 그리스도의 영화로운 빛이 그의 삶을 통해 빛났기 때문에 이번에는 그가 그리스도의 은혜를 제니퍼에게 베풀 수 있었던 것이다.

◆◆◆

비할 데 없는 지혜를 지니신 주 예수 그리스도는 "기묘자시며, 또한 전능하신 하나님"(사 9:6)이시다. 예수님은 완벽한 능력으로 우주를 통치하신다. 불가능이 없는 분이시다. 전능과 지혜! 이 놀랍고도 아름다운 조화를 생각해 보라. 또한 예수님은 언제나 옳은 것을 아실뿐 아니라, 항상 그 일을 행하신다. 천국에서든 지옥에서든 그분의 목적을 방해할 것은 아무 것도 없다. 만일 하나님이 우리를 위하시면 누가 우리를 대적하리요(롬 8:31)? 예수님은 로날드 코튼과 제니퍼 톰슨을 위해 하신 그 일을 당신을 위해서도 하실 수 있다.

아래에 기록된 예수님의 초청을 다시 들어 보라.

"수고하고 무거운 짐 진 자들아 다 내게로 오라 내가 너희를 쉬게 하리라 나는 마음이 온유하고 겸손하니 나의 멍에를 메고 내게 배우라 그리하면 너희 마음이 쉼을 얻으리니 이는 내 멍에는 쉽고 내 짐은 가벼움이라 하시니라"(마 11:28-30).

당신이 지금 가정이나 교회, 아니면 직장에서 씨름하고 있는 문제가 무엇이든, 그 모든 염려와 걱정은 잠시 멈추라. 그리고 그리스도를 좀 더 깊이 생각하라. 그는 기묘자요, 전능하신 하나님이시라고 말씀하시면서 당신을 부르신다. 그러면서 자신을 "나는 마음이 온유하고 겸손하니"라고 묘사하신다. 예수 그리스도는 초월적이시며 고귀한 분이시지만 당신의 잘못에 대해 면박을 주거나 당신의 실책을 물고 늘어지는 분이 아니다. 그는 도와주시려고 만반의 준비를 마치시고 지금 당신 앞에 서 계신다. 그는 마음이 온유하고 겸손하시다. 당신의 무거운 짐을 벗겨주시려는 그분의 초청을 왜 받아들이지 않는가?

예수님의 초청을 받아들이는 방법

그러나 기다리라. 예수님이 주시는 안식을 받아들이기 전에, 먼저 초청장을 자세히 읽어보라. 우리를 쉬게 한다는 예수님의 초청은 와서 낮잠이나 자라는 뜻이 아니다. 또한 당신이 기도 한마디만 읊으면, 자동판매기 음료수처럼 응답이 툭 나온다고 말씀하시는 것도 아니다. 예수님의 멍에를 메고 그분에게 배우라고 말씀하시는 것이다. 예수님은 안식이 필요한 사람들과 함께 하시려고 그들을 애타게 부르신다.

멍에를 통해 안식을 찾는다는 예수님의 초청은 다소 역설적이다. 멍에는 과거 노동에 사용되던 마구(馬具, 말을 타거나 부리는 데 쓰는 연장)이다. 그렇다면, 당신은 "예수님의 마구가 되면, 어떻게 안식을 얻을 수 있다는 말이지?"라고 물을 것이다. 그 말씀은, 우리가 예수님을 따르면서 배울 때, 성령께서 우리의 삶 속에 은혜를 주신다는 뜻이다. 이것이 바로 연약한 우리가 스스로의 힘이 아닌 그분의 능력으로 앞으로 나아갈 수 있는 방법이다. 이는 "그러므로 나의 사랑하는 자들아 너희가 나 있을 때뿐 아니라 더욱 지금 나 없을 때에도 항상 복종하여 두렵고 떨림으로 너희 구원을 이루라 너희 안에서 행하시는 이는 하나님이시니 자기의 기쁘신 뜻을 위하여 너희에게 소원을 두고 행하게 하시나니"라고 빌립보서 2장 12-13절 말씀에서 사도바울이 지적한 것이다.

사도 바울이 빌립보 성도들에게 구원을 두렵고 떨림으로 이루라고 한 이유는, 하나님이 그들 안에서 그리고 그들을 통해서 아름답게 일하시기 때문이다. 하나님이 우리 삶 속에서 이루실 아름다운 그 일에 우리가 협력할 때, 하나님은 우리를 통해서 일하신다.

항해를 예로 들면 이해하기가 쉬울 것 같다. 돛단배를 타고 상당한 거리를 여행해야 한다고 가정해 보라. 더 난감한 것은 항해한다는 자체가 당신에게 익숙치 않을 경우다. 이제 당신은 어떻게 하겠는가? 온갖 방법을 동원해서 배를 앞으로 나가게 하려고 애써 보지만 헛고생이다. 당신은 엎드려서 손으로 저어보기도 하고, 나름 창의성을 발휘해 막대기로 원을 그리며 노를 저을 수도 있을 것이다. 그러나 이내 지치고 좌절하게 될 것이다. 그런데, 어떤 사람이 갑자기 배에 올라와서 "보아하니 자네 지금 많이 지쳤군 그래. 자, 앞으로 나가는 방법을 가르쳐 줄까?"라고 말한다고 상상해보라. 그런 다음 그가 돛을 세우고는 바람 타는 법을 가르쳐준다. 이때 미풍에 돛을 달게 되면, 당신의 힘이 아닌 다른 어떤 힘에 의해 배는 미끄러지듯 앞으로 나가게 될 것이다.

이것이 예수님의 초청이다. 당신은 온갖 방법을 동원해서 누군가를 용서하려고 무진 애를 쓰다가 이제 지쳤는가? 당신 손으로 열심히 노를 젓느라 기진맥진 했는가? 그렇다면 이제 그분의 힘이라는 바람을 타고 항해해 보라. 곧 그분의 은혜의 바람을 타고 미끄러지듯 앞으로 나갈 것이다.

물론 여기에는 "그렇다면 어떻게 하나님이 주시는 힘과 은혜로 할 수 있단 말인가요?"라는 질문이 따라온다. 예수님의 멍에는 구체적으로 어떤 것이며 어떻게 그에게 배울 수 있을까? 어떻게 하나님의 능력의 바람을 타고 돛을 달 수 있을까? 이 질문에 대한 답은, 하나님은 어떤 정해진 방법들을 통해 우리의 삶 속에서 일하신다는 것이다. 신학자들은 이것을 '은혜의 방편'이라 부른다. 은혜의 방편이란 하나님이 그의 은혜를 그리스도인의 삶 속에 쏟아 부으시는 것이다. 이 은혜의 방편들은 하나님의 말씀과 기도, 다른 그리스도인들과의 교제, 그리고 예배를 포함한다. 이런 것들에 참여할 때, 하나님의 사랑과 은혜의 바람에 당신의 돛을 달게 되는 것이다. 만약 당신이 이 같은 은혜의 방편들에 꾸준히 참여하지 않으면서 막연히 용서하려고 애써 왔다면, 이는 당신 손으로 그냥 물장구 친 것에 불과하다.

안식을 얻기 위해 예수님의 초청을 받아들이는 방법은 그의 말씀을 듣고, 그 말씀 안에 거하며, 기도하고 다른 그리스도인들과의 교제를 통해 강건해지는 것이다. 처음에는 별 진척이 없어 보일지 모르나, 머지않아 당신은 앞을 향해 나가게 될 것이며, 당신을 짓누르는 무거운 짐에서 벗어나게 될 것이다.

이에 당신은 "나도 그런 기독교적인 방법으로 짐을 벗어 보려고 지금까지 노력해봤지만 안 됐다구요. 간절히 기도도 해봤죠 물론. 그런데도 제게 안식을 주지 않으셨어요!"라며 이의를 제기할지 모른다. 그렇다면 당신이 정말 그렇게 했는지, 정말 예수님의 멍에를 그분의 도구로 알고 그에게 배웠는지를 묻고 싶다.

- 진리가 선포되는 교회에 꾸준히 참석했었는가? 주일학교나 소그룹 모임, 아니면 교회에서 주관하는 교육이나 훈련에 참석해보았는가?
- 훈련받은 대로 꾸준히 기도했는가? 출근길 차 안에서 하는 그런 기도를 말하는 게 아니다. 진심으로 무릎을 꿇고 진지하게 기도해 보았는가?
- 그리스도인 공동체에 속하여, 지체들과 교제하고 있는가? 그들과 당신의 삶을 나누고 있는가?
- 정기적으로 예배하는가? 예배에 참석하며 그리스도가 중심인 설교를 듣는가? 교회에서 성찬식에 성실하게 참여하는가?

이 은혜의 방법들은 우리가 어떻게 그리스도의 멍에를 지고, 그분에게 배울 수 있는지 그 방법을 말해 준다. 예수 그리스도의 용서는 손쉬운 삼단계식 이론이 아니다. 이는 삶의 방식이며, 그리스도를 따르면서 그에게 배우는 것이며, 그의 교회에 참여하는 것이며, 선포되는 그의 말씀을 듣고 실천하는 것이다. 당신이 이런 훈련에 순종하지 않는 한, 당신의 삶은 혼자서 막대기로 노를 저으며 애쓰는 것과 같다. 용서는 그렇게 해서 될 수 있는 일이 아니다.

결론

제니퍼 톰슨의 이야기에서 가장 중요한 부분은 이것이다. "제니퍼는 어느 날 울음을 멈추고 무언가를 깨달았다. 그리고는 행동에 옮겼다." 그녀는 무거운 짐을 처리하기로 결심했기 때문에, 짐을 벗어 버릴 수 있었던 것이다. 당신은 어떤가? 결심할 준비가 됐는가? 예수님의 초청을 받아들일 준비가 됐는가? 당신이 원하는 모든 것은 바로 예수님 안에 있다는 것을 신뢰하라! 왜 그분의 멍에를 메고 기묘자요 전능하신 하나님이시자, 우리의 영원하신 아버지 되시는 평화의 왕께 배우려 하지 않는가? 왜 그분의 은혜를 삶에 적용하기로 결단하지 않는가? 본서의 목적은 그렇게 하도록 당신을 돕는 일이다. 우리 함께 말씀에 푹 빠져 보자. 기도하는 마음으로 그에게 배우자. 그렇게 할 때, 우리를 짓누르는 모든 무거운 짐을 벗어버릴 수 있다!

예수님의 초청에 응답하는 방법은 어려운 것이 아니다. "나는 당신의 초청을 받아들입니다. 또한 당신의 은혜를 나의 삶에 적용하기로 결단합니다. 이제 내가 할 일은, 먼저 용서에 대한 당신의 가르침을 기도하는 마음으로 이해하는 것입니다"라고 응답하면 된다.

토론을 위한 질문

- 본 장에서 설명한 예수님의 초청은 어떤 것인가?
- 예수님의 초청은 어떻게 받아들이는 것인가?
- '은혜의 방편'을 정의하라.
- 빌립보서 2장 12-13절을 읽으라. 사도바울에 따르면, 구원은 우리 스스로 이루어 가는 것인가 아니면 하나님께서 이루시는 것인가?
- 사도행전 2장 37-47절을 읽으라. 이 구절들은 결단을 강조하는가 아니면 하나님의 사람들과의 지속적인 관계를 강조하는가? 아니면 둘 다인가?
- 그리스도 안에서 안식을 얻으려고 애써 봤지만 그러지 못했다고 말하는 사람에게 당신은 무슨 말을 해주겠는가?

제2장
용서의 동기

네가 만일 지혜로우면 그 지혜가 네게 유익할 것이나

(잠 9:12상).

하나님은 우리가 그분 안에서 가장 만족할 때,

우리 안에서 가장 영광받으신다.

존 파이퍼

본 장의 목표는 이웃을 용서하려는 당신의 결단을 확고하게 하기 위한 것이다. 용서하기 위해서는 올바른 동기와 함께 결단력이 필요하다. 바로 이 때문에, 많은 사람들이 용서하지 못한 채 무거운 마음의 짐을 그대로 끌고 다니는 것이다.

그렇다면 용서하기 위해서는 왜 결단력이 필요한가? 중요한 두 가지 이유가 있다. 첫째, 용서란 감정적으로 긴장하게 하는 주제이기 때문이다. 목사로서 나는 이런 정황을 여러 차례 목격했다. 종종 용서를 주제로 설교할 때면, 본론으로 들어가기도 전에 벌써 몇몇 사람들의 눈에 눈물이 반짝이기 시작한다.

용서하기가 두렵다는 한 젊은 엄마와 상담했던 기억이 있는데, 당시 그녀는 반복해서 성폭행하는 의붓아버지와 한 집에서 살고 있었다. 그 의붓아버지는 자신이 한 일을 절대 인정하지 않을 뿐 아니라 잘못했다는 생각조차 하지 않는 사람이었기에, 그녀는 매일을 극심한 고통 속에서 보내고 있었다. 그런데 어느 날 담임 목사가 "용서해야 한다!"고 설교하니, 그녀는 갑자기 몹시 두려웠다. 자녀에 대한 걱정 때문이었다. 의붓아버지를 용서한다 치자. 그렇다면 친정 엄마와 의붓아버지가 계속 함께 살도록 허락해야 한다는 의미인가? 만일 의붓아버지가 자기 딸들에게까지 나쁜 짓을 저지르면 어쩌나? 자신이 어렸을 때 당했던 것과 똑같은 끔찍한 일을 자기 자녀들도 당하지나 않을까 하는 생각에 그녀는 견딜 수가 없었다.

이렇듯 용서는 감정과 깊이 연계돼있다. 다음 질문에 적합한 답을 생각해 보자. 아무도 모르는 오래 전의 부정행위를 고백해야 하나? 만일 고백 한다면, 그 다음은 어떻게 될까? 결혼생활이 끝나버릴까? 배우자는 어떻게 받아들일까? 숨기는 것보다 고백하는 것이 더 이기적이지 아닐까? 반면에 죄악을 고백하지 않는다면, 그 죄 때문에 평생 괴로워하지는 않을까? 이런 문제들은 생각만으로도 머리가 아프다.

용서에 분명한 동기가 있어야 하는 두 번째 이유는, 용서는 지적으로도 큰 부담이 되기 때문이다. 용서는 삶에서 열매로 나타나야 한다. 그러나 실제 삶의 현장에서 용서하려면, 우리의 믿는바가 확실해야 한다. 먼저 구원론이 중요하다. 우리를 용서하신 하나님을 어떤 분으로 믿느냐에 따라, 다른 사람을 어떻게 용서할 지가 결정된다. 둘째, 교회론이 확실해야 한다. 그리스도인은 많은 경우에 교회 안에서 용서를 경험한다. 따라서 교회론에 대한 이해는 용서에 관한 성경의 가장 중요한 말씀인 마태복음 18장이나 골로새서 3장을 이해하는 열쇠가 된다. 마지막으로 종말론 역시 용서를 보는 관점에 결정적인 영향을 미친다. 여기서 한 가지 의문이 들 것이다. 그렇다면 용서받지 못한 사람들이나 용서하지 않는 사람들은 마지막 날에 어떻게 될까?

아직은 당신이 이 연계성을 잘 규명할 수 없더라도 염려하지 말라. 여기서는 용서란 정신적인 작업을 필요로 한다는 것까지만 이해하면 된다. 즉 동기유발이 되지 않으면 용서를 실천할 수 없다는 사실 말이다. 그렇지 않으면 진정으로 '행복한 용서'가 될 수 없다.

외로울 때나 잠 못 드는 밤에 울리는 자명종 소리는 일어나 성경 읽고 기도하라는 주님의 명령으로 알고 감사함으로 순종해야 한다. 누군가 당신에게 용서를 구하거나 또는 은혜를 베풀라는 신호가 느껴질 때가 있다. 그 사람은 어쩌면 다시는 상대하고 싶지 않은 사람일 수도 있다. 그러나 당신이 행복하기를 원한다면 그 부르심에 순종해야 한다.

존 파이퍼의 제언

여러 해 동안, 나는 하나님의 영광과 나의 행복과의 상관관계를 이해하느라 고심했다. 어렸을 때부터 나는 하나님께 진실로 헌신한 사람이라면 그저 마음의 중심만 헌신했으면 된다는 막연한 생각을 하고 있었다. 청년시절에도 이 생각은 변함이 없었다.

대학원생이 되어 그리스도 안에서 성장하기 시작하면서, 나는 내 방식대로 살았을 때보다 그리스도를 따르는 삶에서 더 큰 기쁨을 발견하게 되었다. 그렇지만 그 후 신학교에 입학해서도 성경이 말하는 하나님의 영광과 내가 추구하는 행복과의 관계를 제대로 이해할 수 없었다. 그 즈음, 나는 우연한 기회에 존 파이퍼 목사를 만나게 되었고, 그의 주요 논문과 사역, 그리고 저서들을 접하게 되었다.

그는 저서에서 "하나님은 우리가 하나님 안에서 만족할 때, 가장 큰 영광을 받으신다"고 말했다. 나는 그의 책을 통해서 영광받기 원하시는 하나님의 열심은 기쁨과 행복을 추구하는 우리의 욕망과는 결코 비교될 수 없다는 사실을 깨닫게 되었다. 이는 양자택일의 문제가 아니다. 둘 다가 공존하는 것이다. 하나님의 영광과 우리의 기쁨 중 어느 하나가 배제되어야 하는 것이 아니다.

그러므로 본 장의 목표는 "우리가 하나님 안에서 만족할 때, 하나님 역시 우리 안에서 영광을 받으신다"는 명제를 용서라는 측면에 적용하는 것이다. 우리가 하나님께 영광을 돌릴 때, 우리의 기쁨 역시 극대화될 것임을 알기 때문에, 깨어진 관계를 회복하는 과정 속에서 우리는 하나님께 영광을 돌려야한다. 다시 말해서 용서를 함으로 우리는 하나님께 영광을 돌리게 되고 우리 역시 기뻐할 수 있다. 그렇기 때문에 우리는 용서해야 한다.

이 진리는 한 번 읽어서 소화할 수 있는 것이 아니다. 좀 더 깊이 묵상해보자. "우리가 하나님 안에서 만족할 때, 하나님 역시 우리 안에서 영광을 받으신다"는 이 말은 두 가지 진리를 포함하고 있다. 그 첫째 진리는 하나님의 영광이 핵심이라는 것이다. 즉 모든 것이 하나님의 영광을 위해 이루어져야 한다. 우리는 하나님의 영광을 반영하는 거울이 되기 위해 부름받은 것이다. "그런즉 너희가 먹든지 마시든지 무엇을 하든지 다 하나님의 영광을 위하여 하라"(고전 10:31).

둘째 진리는 모든 사람은 기쁨이나 행복을 추구한다는 것인데, 이는 이 지구상의 모든 사람에게 적용되는 진리다. 위대한 사상가 파스칼은 다음과 같이 말했다.

> "모든 사람은 행복을 추구한다. 여기에는 예외가 없다. 방법은 다를지라도 모든 사람은 행복이라는 목표를 향해 나아간다. 전쟁에 나가는 이유도, 전쟁을 피하는 이유도 관점만이 다를 뿐, 그 동기는 똑같다."

인간은 본래 행복을 추구하는 존재다. 그래서 행복이 있다고 믿는 곳이면 어디든 찾아 떠난다. 파이퍼는 행복을 추구하는 인간의 욕망을 "자연계에 중력의 법칙과도 같은 마음의 법칙"이라고 표현했다. 바로 여기에서 우리는 이 진리가 절묘한 조화를 이루고 있음을 깨닫게 된다. 따라서 우리는 굳이 하나님의 영광이냐 우리의 행복이냐를 택해야 하는 기로에서 고민할 필요가 없다. 양자의 공존 없이는 어느 것 하나도 온전할 수 없기 때문이다. 용서함으로 하나님을 영화롭게 하면 그것이 바로 나의 기쁨이 되기 때문이다.

이것이 바로 성경이 가르치는 용서에 대한 바른 이해다. 따라서 용서란 당신이 삼켜야 할 쓴 알약도 아니고, 해묵은 원한이나 무거운 짐도 아니다. 그 이상의 것을 갈망하기 때문에 내가 기쁨으로 행하는 것이다. 내가 하나님의 영광을 열망하고 더 좋은 나라, 더 아늑한 곳을 사모하는 것, 이것이 바로 용서의 동기다.

이 책은 깨어진 관계를 어떻게 치유할 수 있는지에 관한 것이다. 아마 라합 이야기보다 더 좋은 실례는 없을 것이다. 라합에 관해 히브리서 11장은 한 구절로 요약해서 말한다.

> 믿음으로 기생 라합은 정탐군을 평안히 영접하였으므로 순종치 아니한 자와 함께 멸망치 아니하였도다(31절).

라합의 일생은 상처투성이다. 그녀는 하나님이 저주하실 만큼 타락한 도성에서 살았다. 얼마나 악했기에 하나님께서는 그 성 안에 사는 남녀, 심지어 아이들까지 모조리 멸망시켜 버리셨을까(수 6:21). 뿐만 아니라, 하나님은 여리고성을 다시는 재건하지 못하도록 명령하셨다(수 6:26). 이곳이 바로 라합의 출신배경이다.

라합은 부패한 나라 백성일 뿐 아니라, 그야말로 바닥 인생을 살아가는 창녀였다. 우리는 라합이 어떻게 창녀가 됐는지 모른다. 마약중독자였는지 극심한 경제적 어려움에 처했었는지 아니면 누군가에게 이용당했기 때문인지 그 이유가 무엇이든 우리가 아는 것은 그녀의 생활이 한마디로 엉망이었다는 점이다. 그녀가 짊어져야 했던 삶의 무게는 너무나 무거웠을 것이다.

마침내 라합이 사는 도성에 멸망이 이르렀다. 이스라엘 백성이 약속의 땅에 들어가기 위해 요단강을 건너기 전, 그들은 여리고성을 공격해 함락시킬 전략을 세웠다. 여호수아는 여리고성의 취약점을 탐색하기 위해 두 정탐꾼을 파견했고(수 2:1), 그들은 은신처로 사창가를 택했다. 아퀴나스의 말대로, 매춘부들은 사람을 가리지 않고 받아들이기 때문이다. 라합이 이스라엘의 하나님에 대한 신앙을 갖게 된 것은 이스라엘에서 온 정탐꾼을 만나면서였다(수 2:8-14). 여리고성의 왕이 그들이 정탐꾼임을 알게된 뒤에도, 라합은 이 히브리인들을 숨겨 주었다(수 2:2). 그녀는 하나님이 가장 영광스러운 분이라는 것을 알았기 때문에 이토록 담대할 수 있었다.

그러나 그 일이 라합에게 얼마나 겁나는 일이었을지 상상할 수 있겠는가? 여리고는 요새화된 견고한 성이었다. 그 성의 군사들은 "용사들"이라 묘사되었다(수 6:2). 여리고성 지도자들이 라합이 정탐꾼들을 숨겨주었다는 사실을 알게 되었다면, 분명 그녀와 온 가문은 심한 고문을 당하고 몰살했을 것이다. 사람의 생각으로는 이스라엘이 여리고성을 함락시킨다는 것은 도저히 상상할 수도 없는 일이었다. 그럼에도 라합은 하나님을 두려워했고 그분을 진심으로 찾는 자들에게 보상해 주신다고 믿었다. 그녀는 믿음으로 행동했던 것이다.

라합이 과연 보상받았는가? 물론이다. 그녀가 요구했거나 상상할 수 있었던 그 이상으로 보상받았다. 첫째, 그녀와 가족이 목숨을 구했다. 하나님이 여리고성을 이스라엘의 손에 부치셨을 때, 여호수아는 라합의 가족을 해하지 말라고 명했다. 더욱이, 라합은 이스라엘의 지체가 된 것이다. 그녀는 이스라엘 명문가의 한 사람과 결혼하게 되었고, 하나님은 그에게 아들을 주셨다. 결국, 타락한 창녀였던 라합은 장차 오실 예수 그리스도 가문의 일원이 되었다. 그리고 예수님 족보에 등재된 구약의 네 여인 중, 한 사람이 되었으니 참으로 놀랍지 않은가!

당신이 처한 상황이 어떻든지, 당신도 라합처럼 보상받을 수 있다. 용서에 관한 성경의 가르침을 깨닫고 결단하라. 모든 일에 이와 같이 그리스도의 얼굴을 구한다면 결코 후회하지 않을 것이다. 여호와를 기뻐하라. 하나님을 영화롭게 하는 일을 당신의 목표로 삼으라. 하나님의 영광을 위해 살 때 그분은 우리의 소원을 이루어 주신다(시 37:4). 하나님은 살아계신다. 용서가 필요할 때 그분을 바라본다면, 하나님은 반드시 보상해 주신다(히 11:6).

그리스도를 따르는 것이 최선이라는 사실은 순식간에 깨달아지는 것이 아니다.

"하나님은 우리가 그분 안에서 만족할 때 하나님 역시 우리 안에서 가장 영광을 받으신다"는 말의 의미를 완전히 이해하기까지는 시간이 필요하다. 내가 그 말을 제대로 이해하는 데 10년 넘게 걸렸기 때문이다.

그러나 이 사실은 용서에 결정적인 요소이다. 당신은 그리스도를 따르는 일이 최선이라는 사실을 믿어야 한다. 때문에 당신이 제일 먼저 해야 할 일은, 그리스도를 영화롭게 함으로써 당신도 기쁨과 행복을 얻게 된다는 확신을 가질 수 있도록 간구하는 것이다. 이는 즉각적으로 이루어질 수 있는 것이 아니다. 의인의 길은 동틀 때의 첫 햇살과 같아서(잠 4:18), 처음에는 밝아지고 있는지조차 알지 못하지만, 그럼에도 불구하고 계속 옳은 길을 갈 때, 태양이 점차 빛을 발하듯이 당신의 삶은 그리스도가 주시는 기쁨으로 충만하게 될 것이다. 그리고 당신이 용서했다는 사실을 감사하게 될 것이다.

결론

우리는 달고 오묘한 복음을 받았다. 복음 안에서 우리는 주님이 흘리신 피로 말미암아 죄사함을 받았을 뿐 아니라, 끝없이 무한한 기쁨으로 부름받았다. 따라서 우리가 어떻게 하나님께 용서받을 수 있는지, 그리고 어떻게 서로를 사랑하고 용서해야 하는지에 대한 성경의 가르침을 두려움으로 받아서는 안 된다. 그보다는 용서를 통해 그리스도 안에서 최상의 기쁨과 행복을 발견할 수 있다는 분명한 확신이 우리 안에 있어야 한다.

예수님의 멍에를 메고 그분에게 배우라. 그리스도를 따르는 것만이 옳은 일이며 최선의 길이다. 이보다 더 나은 방법은 없다.

토론을 위한 질문

- 본 장에 의하면, 사람들은 왜 용서에 대한 성경의 가르침을 두려워하는가?
- 하나님의 영광과 인간의 행복과의 관계는 무엇인가?
- 히브리서 11장을 읽으라. 왜 올바른 결정을 내리기 위해서는 동기유발이 필요한가?
- 히브리서 11장 24-26절에 따르면, 모세가 애굽의 왕족으로 살아가기보다 하나님의 백성과 함께 하는 것을 더 좋아하게 된 것은 어떤 동기에서인가?
- 두려움 때문에 용서하라는 말씀을 받아들이지 못하는 사람에게 무슨 말을 해줘야 할까?
- 본 장에서는 "내가 너를 보내노라"(So Send I you)는 찬송 가사를 인용하겠다.

상급 없는 일에 내가 너를 보내노라,
보수도 없고, 좋아하지도, 원하지도, 드러나지도 않는 일, 비난받고 멸시와 조롱당하는 일
오직 날 위해 수고해야 하는 일에 내가 너를 보내노라.

어떤 의미에서 이 찬송의 내용이 그리스도를 따르기 위해 희생을 각오한 이들에게 적합한가?

제 3장
용서의 정의: 하나님의 방법

여호와여 주께서 죄악을 지켜보실진대 주여 누가 서리이까
(시 130:3).

문제의 관건은 물론 용서에 대한 질문이다.

시몬 위센타

용서하려면 용서가 무엇인지부터 알아야 한다. 3장과 다음 장의 목표는 용서의 정의를 내리는 일이다. 이 목표가 생각만큼 간단치 않다. 용서의 정의를 찾아보면, 각각의 주장이 분분함을 발견하게 될 것이다. '용서'에 대해 세 사람과 얘기해 보면, 세 사람 생각이 다 다를지 모른다. 전문가들 사이에서도 현격한 차이를 드러낸다.

용서하도록 사람의 마음이 변화되는 일은 깊은 상처를 입은 정황에서는 특히나 어렵다. 빌리 그레이엄 목사의 딸, 루스 그레이엄은 남편이 부정을 실토했을 때, 그를 용서하는 것이 매우 고통스러웠다고 고백한바 있다. "친구와 가족들이 남편을 용서하라고 계속 설득했지만, 나는 용서란 과연 무엇이며 도대체 무엇을 용서라 부른단 말인지 스스로에게 반문할 수밖에 없었다. 용서의 정의를 내리는 일에서부터 나는 혼란스러워 했다."

그렇다. 용서를 하려면 먼저 용서가 무엇인지 정확하게 이해해야 한다. 약속을 깨트린 남편을 용서한다는 것이 아내에게 어떤 의미인가? 용서란 도대체 어떻게 생긴 것인가?

핵심원리

물론, 목표는 용서의 정의가 성경의 가르침과 일치하는지를 확인하는 것이다. 그러나 어떻게 하나의 정의가 성경적인지를 구체적으로 확인할 수 있을까? 이 같은 내면의 질문에 대해 성경은 분명한 해답을 제시한다. 하나님께서는 믿는 자들로 하여금 당신이 용서해주신 방식대로 다른 사람을 용서하기를 기대하신다는 것이다. 그래서 성경은 "우리가 우리에게 죄 지은 자를 사하여 준 것같이 우리 죄를 사하여 주옵시고"(마 6:12)라고 분명히 말하고 있다. 이어서 사도바울은 에베소서와 골로새서 두 곳에서 이 점을 확실히 강조한다.

> 서로 친절하게 하며 불쌍히 여기며 서로 용서하기를 하나님이 그리스도 안에서 너희를 용서하심과 같이 하라(엡 4:32).

> 누가 누구에게 불만이 있거든 서로 용납하여 피차 용서하되 주께서 너희를 용서하신 것 같이 너희도 그리하고(골 3:13).

어떻게 서로 용서해야 하는지를 이해하기 위해, 우리가 제일 먼저 해야 할 일은 하나님이 우리를 어떻게 용서하셨는지를 이해하는 것이다. 이렇게 하면 용서에 대한 정의가 간단해진다. 왜냐하면 성경은 사람이 다른 사람을 용서하는 것보다 하나님이 사람을 어떻게 용서하시는지에 대해 훨씬 더 많은 것을 가르쳐 주고 있기 때문이다.

하나님의 용서 방법

모든 사람이 하나님께 죄를 범했기 때문에 우리 모두는 용서가 필요하다. 그런데 하나님은 인류의 조상 아담과 하와를 완전한 창조세계에 두셨다. 즉 아담과 하와는 하나님의 특별한 대리인이요, 하나님이 창조하신 모든 피조물을 다스릴 책임을 지니고 있는 자들이다.

그러나 안타깝게도 아담과 하와는 하나님을 거역하고 선악과를 따 먹었고, 이로 인해 하나님과의 관계뿐 아니라, 모든 인간과의 관계까지 다 깨져 버렸다. 그래서 모든 사람은 죄인으로 태어나 죄를 범하면서 살아간다. 그런데 문제는 더 심각하다. 그 죄의 대가는 지불되어야 한다고 성경이 가르치고 있기 때문이다. 한 마디로 죄의 삯은 사망이요, 영원한 죽음인 것이다.

사람은 종종 다른 사람과 자신을 비교하면서 자신의 우월성을 강조하지만, 우리 존재는 다른 사람과 비교해서 평가되지 않는다. 완전히 거룩하시고 의로우신 하나님만이 평가하신다. 또한 사람은 자신의 선행으로는 도저히 구제 불능이며 하나님의 기준에 이르지 못한다. 그러므로 하나님의 용서는 모든 인간에게 가장 중요한 진리이다. 그렇다면 하나님의 용서는 과연 어떤 것인가?

하나님의 용서는 자비로우나 공짜는 아니다

하나님이 우리를 어떻게 용서하시는지에 대해 지금까지 나는 많은 사람들과 이야기해 봤다. 그래서 하나님의 용서하심을 믿고 있는지 그리고 죽어서 천국에 갈 것을 확신하는지 물어보거나, 어떨 때는 반대로 내가 죽으면 어떻게 될 것 같은지를 물어보기도 했다.

"만약 제가 오늘 저녁 주차장에서 사고로 죽는다면, 천국에 갈 것 같나요? 당신 생각이 궁금하군요."

이에 대해 어느 누구도 내가 천국에 가지 못할 거라고 대답한 사람은 없었다. 그들은 거의 다 "아, 물론이죠. 천국 가시고 말고요. 여부가 있겠어요"라고 말한다. 그러면 나는 이렇게 되묻는다. "저는 불완전한 죄인인데, 왜 하나님께서 저를 용서해 주실 것이라 생각하시죠?"

그러면 사람들은 대부분 "당신은 목사님이잖아요. 목사가 천국에 못 가면 우리 같은 사람들은 큰일이게요?"라고 자신 있게 대답한다.

그러나 그 대답은 성경이 말하는 용서와 은혜의 의미를 완전히 오해한 것이다. 성경은 오직 은혜에 인하여 믿음으로 말미암아 구원을 받는다고 가르치고 있다. 이는 구원이 우리의 공로가 아닌, 하나님의 전적인 은혜라는 뜻이다. 용서는 하나님이 우리를 긍휼히 여기시고 베푸시는 하나님의 선물이다.

> 너희는 그 은혜에 의하여 믿음으로 말미암아 구원을 받았으니 이것은 너희에게서 난 것이 아니요 하나님의 선물이라 (엡 2:8).

설사 내가 백년을 목회한다 해도 내 힘으로는 하나님의 용서에 한 발자국도 다가설 수 없다. 나는 오직 은혜로 말미암아 용서받은 것이다. 그러므로 나를 향한 하나님의 용서는 선물이다. 하나님이 내게 이 선물을 주신 이유가 내 안에서 어떤 선함이나 일말의 가능성이라도 발견하셨기 때문인가? 전혀 그렇지 않다. 용서는 유일하신 참 하나님의 사랑에 기인한 선물이다.

다음 구절을 마음에 새기길 바란다.

> 긍휼이 풍성하신 하나님이 우리를 사랑하신 그 큰 사랑을 인하여 (엡 2:4).

그러므로 용서는 하나님의 무한한 사랑과 긍휼함으로 주시는 선물이다. 구원은 우리에게 거저 주시는 선물이지만 하나님은 이를 위해 최고의 대가를 지불하셨다는 것을 이해하라. 우리의 구원은 주 예수 그리스도께서 흘리신 피 값으로 사신 것이다.

> 사랑은 여기 있으니 우리가 하나님을 사랑한 것이 아니요 하나님이 우리를 사랑하사 우리 죄를 속하기 위하여 화목 제물로 그 아들을 보내셨음이라 (요일 4:10).

여기서 '화목제물'이란 말은 '진노를 잠재우는 제물'이라는 뜻이다. 그러므로 누구든지 용서받을 수 있는 유일한 길은 그리스도가 그 죄 값을 대신 지불하셨다는 사실이다. 따라서 용서는 절대 공짜가 아니다. 그리스도께서 우리를 대신해서 고난을 받으셨기 때문이다. 그리고 하나님은 용서라는 이 선물을 포장하셔서 받으려는 자 누구에게나 나눠 주신다.

하나님의 용서는 조건적이다. 회개하고 믿는 자만 구원받는다

하나님은 모든 사람에게 용서의 선물을 건네신다. 그렇다면 이는 모든 사람이 용서 받았다는 의미인가? 이 질문에 대한 답은 단연코 '아니오'다. 어떤 선물이나 마찬가지로, 용서라는 선물도 그 포장을 뜯어야 한다. 용서는 우리가 믿음으로 그리스도께 돌아옴으로 받는 것이다. 그리스도에게로 돌아서는 데는 두 가지 측면이 있다. 첫째, 자신의 선행이 구원의 근거라는 생각에서 돌아서는 것이다. 이는 죄에서 돌아서는 것을 말하며, 성경에서 말하는 회개다.

둘째, 구원을 위해 그리스도에게로 돌아와 그분만을 의지하는 것이다. 성경은 이것을 믿음이라 한다. 회개와 믿음, 이 두 용어는 성경 여러 곳에서 강조되고 있다. 사도바울은 그의 사역을 이렇게 요약한다.

> 유대인과 헬라인들에게 하나님께 대한 회개와 우리 주 예수 그리스도께 대한 믿음을 증언한 것이라 (행 20:21).

이 구절에서 사도바울은 이 두 용어를 다 사용했다. 이것은 우리가 회개함으로 돌아서서 주 예수를 믿는 것이다.

하나님의 용서는 하나의 약속이다

앞에서 지적한 내용을 요약하면 첫째, 하나님은 긍휼하심으로 우리를 용서하신다. 이 사랑의 선물인 용서는 하나님이 흘리신 피 값으로 사신 값비싼 선물이다. 둘째, 누구나 용서 받는 것이 아니다. 자기 자신이나 다른 어떤 것을 의지하는 데서 돌아서서(회개) 예수님께로 가는(믿음) 자들만 구원받는다. 마지막으로, 용서란 하나님의 용서를 받은 자들을 향한 하나님의 약속이다. 이 약속이 바로 하나님의 용서의 핵심이다.

하나님은 용서하실 때 용서받은 사람의 죄를 더 이상 묻지 않으신다고 약속하신다. 그리스도를 믿음으로 우리는 의롭게 되었고(롬 3:28), 또 의롭다고 선포되었기 때문에, 더 이상 정죄하지 않겠다는 법적 선언을 하신 것이다. 우리가 의롭게 될 수 있는 이유는, 예수님이 이미 죄 값을 지불하심으로 그분의 의를 우리에게 주셨기 때문이다.

용서는 화해의 기초이며 시작점이다.

하나님의 용서는 단순히 죄책감을 제거하는 것만을 의미하지 않는다. 하나님이 우리를 용서하실 때, 우리는 의롭다고 선언되었을 뿐 아니라, 하나님과 화해함으로 새로운 관계가 시작되는 것이다.

하나님의 용서는 화해와 분리될 수 없다. 아무도 하나님과의 화해

없이는 용서를 받을 수 없다. 그래서 사도바울은 복음을 죄의 용서로 (골 1:14; 참고. 엡 1:7), 그리고 화해(화목-개역한글 및 개역개정)라는 말로 표현했다.

> 그런즉 누구든지 그리스도 안에 있으면 새로운 피조물이라 이전 것은 지나갔으니 보라 새 것이 되었도다 모든 것이 하나님께로서 났으며 그가 그리스도로 말미암아 우리를 자기와 화목하게 하시고 또 우리에게 화목하게 하는 직분을 주셨으니 곧 하나님께서 그리스도 안에 계시사 세상을 자기와 화목하게 하시며 그들의 죄를 그들에게 돌리지 아니하시고 화목하게 하는 말씀을 우리에게 부탁하셨느니라 그러므로 우리가 그리스도를 대신하여 사신이 되어 하나님이 우리를 통하여 너희를 권면하시는 것 같이 그리스도를 대신하여 간청하노니 너희는 하나님과 화목하라 하나님이 죄를 알지도 못하신 이를 우리를 대신하여 죄로 삼으신 것은 우리로 하여금 그 안에서 하나님의 의가 되게 하려 하심이라 (고후 5:17-21).

그렇다. 구원과 중생은 화해와는 불가분리의 관계이기 때문에, 하나님과 화해하지 않고는 아무도 용서받을 수 없다.

용서는 죄의 결과까지 면제해주지는 않는다.

주 예수 그리스도를 믿으면 구원 받는다(행 16:31). 동이 서에서 먼 것 같이, 하나님은 그의 자녀들의 죄과를 그들로부터 멀리 옮기신다(시 103:11-12). 그리스도 안에 있는 자들에게는 정죄함이 없다(롬 8:1). 이 같은 말씀에도 불구하고 성경은 하나님께 용서받았다고 해서 그들이 모든 죄의 결과를 피할 수 있는 것이 아니라고 가르친다. 오히려 정 반대다! 우리는 하나님께 반역한 죄의 결과를 이 땅에서 감수해야 한다. 가장 유명한 실례가 아마 다윗일 것이다. 다윗이 밧세바를 범한 후, 죄를 은폐하려고 시도했던 기만과 살인으로 인해, 그가 겪어야 했던 결과들을 우리는 너무나 잘 알고 있다.

하나님이 나단 선지자를 보내 다윗 왕을 대면하게 하셨을 때(삼하 12:7-12), 다윗 왕은 자기 죄가 크다는 것을 깨닫고 진심으로 회개했다. 그리고 나단 선지자는 다윗 왕에게 하나님이 그의 죄를 용서하셨다고 했다(삼하 12:13). 그렇지만 죄의 결과들은 여전히 남아 있었기에 그에게 주어진 시련들은 참으로 가혹했다. 선지자 나단은 다윗의 가정에 화가 있을 것이며(삼하 12:10), 밧세바가 낳은 아이가 죽을 것이라고 했다(삼하 12:14). 다윗은 아이가 죽은 후에도 가족 간에 이어지는 폭행과 살인의 끔찍한 결과들을 겪게 된다. 아들 암논은 다윗의 딸 다말을 강간했고(삼하 13:1-2), 또 다른 아들 압살롬은 암논을 죽였다(삼하 13:23-33). 후에 압살롬은 왕국을 차지하려고 끝내 아버지에게 반역하기에 이른다(삼하 15:-18).

이 같은 사건들을 직접 현실에서 겪으면 우리는 의문을 제기하지 않을 수 없다. "하나님이 정말로 용서하신다면, 용서받은 자에게 더 이상 죄를 묻지 말아야 하는 것 아닌가요? 왜 결과가 이토록 잔인한 건가요?"

그러나 하나님께서는 그의 자녀를 벌하시기 위해서가 아니라 하나님의 영광을 위해서, 그리고 훗날 그들의 기쁨을 위해 범죄한 자녀들을 연단하신다. 이것이 그 대답이다. 징벌이 아니라 자녀를 훈련하시고 교훈하시는 것이 하나님의 방법인 것이다.

히브리서 저자는 히브리서 12장 5-12절에서 하나님은 그의 자녀들을 아버지가 그의 기뻐하는 아들을 징계함같이 징계하신다고 강조했다. 징계의 개념에 대해 두 단어가 사용되는데, 그 하나는 '훈련한다'는 의미다. 이 말은 자녀양육과 관련해서 자주 사용되며, 즉 하나님께서는 믿는 자들을 훈련시키신다는 사실이다. 두 번째 단어는 좀더 강력하다. 이는 채찍질 또는 징계를 의미하는데, 영어 표준 번역에 의하면 '체벌한다'는 뜻으로 해석된다. 헬라어 원문을 보면 신약에 이 단어가 일곱 번 사용됐는데, 두 번에 한 번 꼴은 문자 그대로의 매질을 의미한다.

> 그들은 잠시 자기의 뜻대로 우리를 징계하였거니와 오직 하나님은 우리의 유익을 위하여 그의 거룩하심에 참여하게 하시느니라 무릇 징계가 당시에는 즐거워 보이지 않고 슬퍼 보이나 후에 그로 말미암아 연단 받은 자들은 의와 평강의 열매를 맺느니라 (히 12:10-11).

하나님은 우리 자신의 궁극적인 유익을 위해 죄의 결과를 감수하도록 허용하신다. 그렇게 함으로써 결과적으로는 우리가 하나님의 거룩하심에 참예하며, 의와 평화의 풍성한 열매를 맺게 하기 때문이다.

우리 아들 크리스토퍼가 세 살 때였는데, 하루는 허락도 없이 이 녀석이 이웃집에 간 일이 있었다. 살그머니 현관문을 빠져나간 녀석은 엄마가 미처 붙잡기도 전에 도로를 건넜다. 그리고는 아장아장 걸어가더니 이웃집 현관문을 노크하고 그 집 아들과 놀 수 있냐고 물었던 황당한 사건이 있었다. 그날 이후로 분명해진 것은, 아장아장 걷는 어린 아이가 허락 없이 집을 나가 도로를 건너는 일이 다시는 없도록 해야 한다는 것이다. 그래서 우리는 부모로서 크리스토퍼에게 그 일이 고통스러운 일로 기억되게끔 최선을 다했다. 불순종했을 때 어떤 고통이 따르는지 아이가 스스로 깨닫도록, 그러나 사랑으로 가르치려고 애썼다.

왜 그렇게 했겠는가? 단순히 아이를 붙잡아 두기 위함이 아니다. "그래, 너 이 녀석, 한번 혼나봐라"는 생각으로 그런 것도 아니다. 사랑하는 아들의 장래와 안전을 위해 훈련하고 가르친 것이다.

만약 당신이 불순종을 택했다면 그 결과를 예상해야 한다. 하나님은 그의 자녀들이 위험한 도로 위에서 놀도록 내버려 두지 않으신다. 그러기에는 너무나 그들을 사랑하시기 때문이다. 그러나 연단과 체벌을 혼동하지 말라. 연단은 부모가 주는 사랑의 교정작업이다. 그리고 체벌은 잘못에 따르는 대가인 것이다. 그리스도인이라면 마땅히 하나님의 연단을 받아야 하며, 이 때 연단의 목적은 단순히 벌을 주기 위함이 아니다. 만일, 그렇게 할 생각이었다면 차라리 하나님은 당신을 지옥에 보낼 것이다. 하나님은 그의 자녀들로 하여금 죄의 심각성을 깨닫고, 점차적으로 그분의 아들 곧 그리스도의 형상을 닮아 가도록 연단하시는 것이다.

용서의 정의

이제 우리는 하나님의 용서를 다음과 같이 정의할 수 있다.

> 하나님의 용서: 유일하신 참 하나님이 회개하고 믿는 자를 당신과 화목케하기 위하여 자비롭게 용서하신다는 약속이다. 그러나 이 약속이 죄에 대한 대가를 면제하는 것은 아니다.

첫째, 하나님의 용서는 너그럽다. 하나님은 용서를 공짜로 주신다. 이는 용서가 값으로 환산할 만한 가치가 없어서가 아니다. 용서는 하나님이 그 아들 독생자를 보내셔서 그 값을 치르게 할 만큼 우리를 너무 사랑하시기 때문에 거저 주시는 매우 값비싼 선물이다.

둘째, 하나님의 용서는 하나의 약속이다. 하나님은 우리를 용서하실 때 우리는 죄에서 용서받은 것이며, 더 이상 우리에게 책임을 묻지 않겠다고 약속하신 것이다.

셋째, 하나님의 용서는 조건적이다. 오직 회개하고 구원의 믿음을 소유한 자만 용서받는 것이다.

마지막으로, 하나님의 용서는 화해의 기초를 놓고 그 화해의 과정을 시작하는 것이다. 하나님이 우리를 용서하시면 하나님과 우리의 관계는 회복된다. 그렇다고 죄의 대가가 즉시 면제되는 것은 아니다. 하나님은 아버지가 그의 자녀들을 징계하는 것같이 당신의 자녀들을 징계하신다(잠 3:12).

당신은 용서 받았는가?

어쩌면 당신이 이 책을 읽는 이유가 누군가를 용서할 것인지, 또 어떻게 용서할 것인지를 결정하기 위함인지 모르겠다. 아니면 당신이 다른 사람으로부터 용서받는 일이 정말 가능한지를 의심하고 있는지도 모른다. 대인관계에서 용서에 관한 이런 질문들은 매우 중요하다. 그러나 훨씬 더 중요한 것은 당신이 하나님께 용서받았는지 아닌지를 먼저 확인하는 일이다. 가장 중요한 질문은 바로 이것이다. "당신은 회개하여 죄에서 그리스도께로 돌이켰는가? 그리하여 믿음으로 하나님의 용서의 선물을 받았는가?"

결론

다른 사람을 어떻게 용서해야 하는지를 알려면, 가장 중요한 원리에서부터 시작해야 한다. 이 원리는 하나님께서는 당신이 우리를 용서해주신 방식대로 우리가 서로 용서하기를 기대하신다는 것이다. 성경은 용서란 유일하신 참 하나님이 회개하고 믿음을 가진 자에게 자비롭게 죄를 사하시는 약속이라고 가르친다. 이것이 모든 용서의 본질이다. 용서에 관해 우리 각자가 필히 생각해야 할 가장 중요한 질문은, "하나님이 과연 나를 용서하셨을까" 라는 질문이다. 그분이 정말 나를 용서하셨을까?

토론을 위한 질문

- 그리스도인이 어떻게 용서해야 하는지를 이해하는 데 기초가 되는 핵심 원리는 무엇인가?
- 은혜에 대한 정의 한 두 가지를 들어보라.
- 하나님의 용서를 어떻게 정의할 수 있는가?
- 믿음과 회개는 어떤 관계인가?
- 에베소서 2장 8절과 로마서 10장 9-10절, 요한복음 3장 16절, 사도행전 20장 21절을 읽으라. 용서나 구원은 어떻게 받는가?
- 용서에 관한 가장 중요한 질문은 무엇인가? 이 질문에 대한 당신의 답은?

제4장
용서에 대한 그리스도인의 정의

서로 친절하게 하며 불쌍히 여기며 서로 용서하기를
하나님이 그리스도 안에서 너희를 용서하심과 같이 하라

(엡 4:32).

자비란 억지로 베푸는 것이 아니다. 보슬비가 대지를 적시듯이 하늘에서 내리는 것이다. 자비는 이중의 축복이다. 자비를 베푸는 자와 받는 자 모두에게 축복이기 때문이다.

-셰익스피어 베니스의 상인, 4막 1장 중에서

30년 전, 플로리다 주 코랄 게이블스에 살았던 캐리어 가족을 나는 지금도 잊지 못한다. 1974년, 크리스 캐리어가 다니던 학교는 12월 20일부터 크리스마스 휴가에 들어갔다. 그날 스쿨버스는 크리스를 집 근처 길모퉁이에 내려주었다. 크리스가 집으로 들어가는 골목길 중간 쯤 이르렀을 때, 한 사람이 다가왔다. 이 남자는 자신의 이름을 '척'이라 했고, 아버지의 오랜 친구라고 자신을 소개했다. 그는 크리스한테 아빠를 쏙 빼닮았다는 등 아는 체를 했다. 그러자 크리스는 이 남자를 쳐다보며 밝은 미소를 지었다. 남자는 크리스에게 "애야, 지금 너희 아버지를 위해 특별한 파티를 준비하려는데 좀 도와주지 않으련?"하고 다정하게 물었고, 순진한 아이는 선뜻 따라가 자동차에 올라탔다. 그리고 그 차는 어디론가 한참을 달렸다. 척이라는 이 남자는 친절하게 대했지만 시간이 지나면서 크리스는 자기가 어디까지 왔는지 모르게 되자, 슬슬 걱정되기 시작했다. 어딘지 불안했지만, 그때는 이미 기다리는 것 외에 아무것도 할 수 없는 상황이었다.

드디어 남자는 한적한 곳에 차를 세웠다. 그리고는 한 마디 설명도 없이 크리스가 차에서 기다리는 동안 뒤쪽으로 가서 얼음을 깰 때 쓰는 송곳과 담뱃불 가지고 오더니 느닷없이 크리스를 땅바닥에 눕히고 위에서 송곳으로 여기저기를 찌르고, 담뱃불로 지져 댔다. 크리스는 그를 밀쳐 내려고 안간힘을 썼지만 열 살짜리 소년으로서는 장정을 당할 길이 없었다. 당시 크리스는 착실하게 교회에 다니고 있었는데, 송곳에 찔리고 담뱃불로 데이는 중에도 "하나님, 자기가 뭘 하는지 모르는 저 아저씨를 용서해주세요!"라고 소리 질렀다. 한참 후, 척은 송곳을 내려놓고 나서, 만신창이가 된 크리스를 플로리다 주 어느 습지에 버렸다. 그리고는 총을 꺼내 크리스의 머리에 발포하고는, 유유히 사라졌다.

한편, 사라진 크리스를 찾기 위해 가족들은 플로리다 주, 남부전역을 샅샅이 뒤졌다. 크리스의 부모는 아들을 찾으러 백방으로 뛰어다녔고, 그저 무사히 돌아오기만을 바라면서 제보자에게 10,000불의 상금을 내걸었다.

대인관계에서 그리스도인은 어떻게 용서해야 할까?

수없이 많은 용서의 실례들이 있지만 크리스 캐리어에게 일어난 사건의 전말은 듣기조차 끔찍하다. 그렇다면 크리스 가족들은 아들의 유괴사건을 어떻게 처리했을까? 여기서 이 이야기를 하는 이유는, 본 장의 핵심 질문인 "그리스도인은 다른 사람을 어떻게 용서해야 하는 지"에 대한 해답을 제시하기 위해서다.

하나님께서는 우리를 용서하신 방식대로 우리가 서로 용서하기를 원하신다. 하나님의 용서는 회개하고 믿음을 갖게 된 자들과 화목케 하기 위해, 그들을 사면하신다는 약속이다. 그렇다고 이 약속이 죄로 인한 결과를 모두 면제하는 것은 아니다. 이것이 용서의 원리다. 우리는 열 살짜리 소년을 통해, 위에 제시된 하나님의 용서의 정의를 사람 사이의 용서에도 적용할 수 있다. 이 경우의 용서란, 자신의 잘못을 뉘우치는 자를 피해자가 자비롭게 사면해주면서 그 사람과 화해하겠다는 약속이다. 그렇다고 모든 잘못의 결과가 다 면제되는 것은 아니다.

이 같은 용서의 정의는 하나님의 용서방법을 그대로 적용하는 것이다. 첫째, 그리스도인은 자비롭게 용서해야 한다. 성경적 용서는 사랑이 동기가 되어 거저 주는 선물이며, 성경적 용서에서는 용서하는 사람이 용서의 값을 지불하는 것이다.

바울 역시 자비로운 용서를 강조하고 있다. 다음 구절들을 상기해 보라.

> 서로 친절하게 하며 불쌍히 여기며 서로 용서하기를 하나님이 그리스도 안에서 너희를 용서하심과 같이 하라 (엡 4:32).

> 누가 누구에게 불만이 있거든 서로 용납하여 피차 용서하되 주께서 너희를 용서하신 것 같이 너희도 그리하고 (골 3:13).

위의 말씀에서 보듯이 사도 바울은 잘 사용하지 않는 '용서'라는 단어를 선택했다. 여기서 '용서'는 '자비'와 어원이 동일하다. 따라서 에베소서 4장 32절은, "서로 친절하게 하며 불쌍히 여기며 서로 자비를 베풀기를 하나님이 그리스도 안에서 너희에게 자비를 베푸심과 같이 하라"로 번역될 수도 있다.

용서와 자비는 둘 다 무조건적이다. 그렇기에 그리스도인은 피해를 준 사람에게 너그러운 마음을 지녀야 한다. 예수님께서 십자가 위에서 "아버지 저들을 사하여 주옵소서 자기들이 하는 것을 알지 못함이니이다"(눅 23:34)라고 기도하심으로 친히 모범이 되신 것처럼 말이다. 예수님은 견딜 수 없는 고통과 죽음의 순간에도 자신을 십자가에 못 박은 자들에게 은혜를 베푸셨다. 우리는 이런 예수님을 본받아야 한다.

크리스는 비록 어린 소년이었지만 예수님의 본을 따랐다. 습지에 오랜시간 버려져 있었던 크리스가 혼수상태에서 깨어난 것은 크리스마스 다음 날이었다. 자신이 총에 맞았다는 사실은 물론 그렇게 많은 시간이 지난 지도 몰랐다. 아이는 그저 어리둥절했고, 크리스마스를 함께 축하하기 위해 곧 아빠가 돌아오실 거라는 생각만 하고 있었다.

사건이 있은 지 6일 후, 지나가던 어느 사냥꾼이 바위 위에서 크리스를 발견했는데, 당시 아이는 두 눈이 시커먼 채, 셔츠에는 피가 흥건하게 묻어있었다. 이 사냥꾼은 크리스를 당장 경찰소로 데려갔고, 아이는 거기서 아버지에게 전화를 했던 것이다.

그때까지 크리스의 부모는 여러 차례의 장난 전화에 시달렸었기에, 걸려온 그 전화가 정말 크리스인지 확신할 수가 없었다. 그래서 자기 집 개 이름을 물어보기도 하고 또 자가용 보트 번호를 말해보라고도 했다. 너무나 끔찍한 일을 당한 후인지라 크리스는 겁에 잔뜩 질려 있었다. 당시 척이 쏜 탄환이 크리스의 오른쪽 관자놀이를 관통했는데, 다행히 뇌 손상은 없었으나 왼쪽 눈을 실명하게 되었다.

무엇보다 크리스의 마음의 상처는 육체적인 것보다 훨씬 더 심각했다. 사건 이후로 크리스는 수년 동안 악몽에 시달렸고, 강도가 집 뒷문을 부수는 장면을 상상하곤 했다. 한참 동안 그는 부모님 곁에서 자야 잠들 수 있었다. 그리고 나중에서야, 크리스를 폭행한 '척'이라던 그 남자는 크리스의 삼촌 회사에서 근무한 적이 있었던 '데이비드 맥컬리스터'라는 사람으로 밝혀졌다. 그는 심한 음주벽으로 인해 회사에서 해고당했고, 이에 원한을 품고 캐리어 가족에게 복수하려 했던 것이다.

경찰은 데이비드 맥컬리스터를 추적해서 잡았으나, 크리스는 그를 알아 볼 수 없었고, 결국 증거부족으로 맥컬리스터를 처벌할 수 없게 되었다. 심적으로나 육체적으로 크리스의 고통은 엄청났지만 정작 가해자는 아무론 처벌도 받지 않았다. 그럼에도 불구하고 이 어린 소년의 태도는 맨 처음 그를 용서해 달라고 간절히 기도했을 때와 동일했다. 게다가 "유괴범을 대면할 기회가 주어진다면 어떻게 하겠느냐?"는 질문에 크리스는 "무조건 만나겠어요"라고 대답했다.

물론, 크리스가 자신의 한쪽 눈을 멀게 한 범인을 만나겠다는 것은 무모할 수도 있다. 그러나 크리스는 그런 기회를 놓치고 싶지 않았고, 결국 맥컬리스터를 만났다.

◆◆◆

용서의 정의를 마음에 새기라. 용서는 "회개한 가해자를 그의 도덕적 책임에서 자비롭게 사면해주고, 그와 화해하겠다는 피해자의 헌신"이다. 그러나 이 헌신이 모든 결과까지 면제하는 것은 아니다.

용서는 자비로울 뿐 아니라, 일종의 헌신이자, 다른 사람을 사면한다는 약속이다. 캔 산데(Ken Sande)는 그리스도인이 다른 사람을 용서할 때, 취해야 하는 네 가지 태도를 다음과 같이 요약했다.

- "나는 이 사건에 사로잡히지 않겠다"
- "나는 이 사건을 다시는 거론하지 않을 것이며 이 일로 당신에게 반감을 갖지 않겠다"
- "나는 이 사건을 다른 사람들에게 말하지 않겠다"
- "나는 이 사건이 해결되지 않은 채 계속 남아 있어 두 사람의 개인적인 관계가 깨어지도록 방치하지 않겠다"

그리스도인의 용서는 회개한 사람에 대한 사면의 약속이므로 우리는 하나님이 그들을 용서하신 것처럼 용서해야 한다. 단, 하나님의 용서는 조건적이다. 하나님은 모든 사람에게 은혜를 베푸시지만 회개하고 믿는 자를 용서하신다. 따라서 그리스도인은 상대방이 회개할 때마다 즉시 용서해야 한다.

> 너희는 스스로 조심하라 만일 네 형제가 죄를 범하거든 경고하고 회개하거든 용서하라 만일 하루에 일곱 번이라도 네게 죄를 짓고 일곱 번 네게 돌아와 내가 회개하노라 하거든 너는 용서하라 하시더라 (눅 17:3-4).

회개의 성경적 의미는 생각과 함께 행동이 변하는 것이다. 사람들은 종종 회개를 감정에만 국한시키는데, 회개란 근본적으로 행동과 태도가 바뀌는 것이다. 이처럼 진정으로 회개한 사람을 그리스도인은 언제나 용서해야 한다.

용서는 또한 화해와 연결된다. 하나님은 죄인을 용서하신 후 그와 더불어 새로운 관계를 맺으셨다. 그래서 성경은 하나님의 용서를 화해와 분리시키지 않는다. 그런데 사람들은 말로는 용서했다면서 결코 화해하려 들지는 않는다. 이는 마치 선물을 상대방의 집 현관문 앞에 놓아둔 채, 초인종을 누르고는 그냥 가버리는 것과 같다. 다시 본론으로 돌아가서, 하나님이 우리를 용서하심 같이 우리도 다른 사람을 용서해야한다는 것을 꼭 기억하자.

또한 하나님은 화해 없이는 아무도 용서하지 않으신다. 이 사실을 가슴 깊이 새기길 바란다. 다시 한 번 강조하지만 용서란 잘못으로 인한 결과까지 다 면제한다는 뜻은 아니다. 이 사실은 사람들이 용서하는 것을 망설이는 중요한 요인이다. 한 번은 우리 교회에서 어떤 교역자가 모임 중에 "용서가 결과를 배제하는 것은 아니다"라는 말을 했다. 그러자 많은 사람들이 대번에 "그렇다면 그것은 용서한 것이 아니지요!"라고 거칠게 항변하는 것이 아닌가.

바로 이 때, 내가 끼어들었다. "여러분! 만약 제가 담임목사로서 목회할 자격을 잃었더라도, 여러분은 저를 용서하시겠지요? 예를 들어 제가 은행을 털었다가, 나중에 회개했다고 합시다. 그때도 여러분은 저를 용서하실 겁니다. 그렇죠?" 그들은 모두 그렇게 할 거라고 대답했다. 그러나 또한 그들은 내가 은행을 털었다면 담임목사 자리는 내놓아야 한다고 입을 모았다.

그렇다. 결과는 정의를 구현하기 위해 중요하다. 악한 행동에 대한 결과를 기꺼이 수용하는 것이야말로 가해자가 진심으로 회개했다는 올바른 증거이기 때문이다.

다시 크리스 이야기로 돌아가보자. 유괴사건이 있은 지 이십 년이 지난 어느 날, 크리스는 이 사건의 초기수사를 맡았던 한 경찰관으로부터 전화를 받았다. 데이비드 맥컬리스터가 한 요양원에 있는데 죽음이 임박한 것 같다면서 본인이 크리스를 유괴한 사실을 인정했다는 말을 전해주었다. 그러면서 경찰관은 맥컬리스터를 만날 의향이 있는지 물었다.

크리스는 그러겠다고 했고 그를 만나러 요양원에 갔다. 맥컬리스터는 녹내장으로 눈이 잘 보이지 않는 상태였는데, 처음에는 유괴사실을 부인하다가 결국 자백을 했다. 크리스는 그의 손을 잡고 용서했노라고 말했다. 병실을 나오면서 그는 맥컬리스터에게 편히 쉬라는 말을 남겼다. 그리고 맥컬리스터는 "이제는 그리하겠네"라며 울먹였다.

여기서 크리스와 데이비드 맥컬리스터 관계의 끝이 아니었다. 그 다음은 화해로 이어졌다. 그는 요양원에 있는 맥컬리스터를 정기적으로 방문했고 심지어는 자기의 어린 두 딸을 데리고 가기도 했다. 그는 복음을 제시했고 마침내 데이비드 맥컬리스터는 그리스도를 영접했다. 맥컬리스터는 한 CNN기자에게 크리스는 내 평생에 가장 좋은 친구였다고 말했다.

가슴이 저리도록 아름다운 용서의 장면이 아닌가! 크리스 캐리어는 맥컬리스터가 자신에게 행한 잘못이 더 이상 두 사람 사이를 가로막지 않을 것을 약속했을 뿐만 아니라, 그와 화해해서 이제 그들은 친구가 되었다. 실로 믿기 어려운 일이 아닌가? 그리스도가 용서해 주심과 같이, 크리스가 맥컬리스터를 용서했다는 사실은 정말 장하고도 놀라운 일이 아닐 수 없다. 크리스는 그리스도인의 용서를 실천한 것이다. 이 이야기에서 가장 멋진 장면들을 다시 떠올려 보자.

- 크리스는 처음부터 자비로운 태도를 지녔다. 심지어 송곳으로 찔릴 때에도 맥컬리스터를 용서해 달라고 하나님께 기도했다. 그리고 그를 만나겠느냐는 질문에, 그 기회를

놓치지 않겠다고 대답했다.
- 크리스는 맥컬리스터를 만나 그의 손을 잡고 그를 용서했노라고 말했다.
- 크리스의 용서는 단순한 관용 차원에 머물지 않고, 맥컬리스터와 관계를 맺기 시작했다. 어떤 때는 일주일에 무려 다섯 번이나 그를 방문했다. 맥컬리스터는 크리스를 가장 좋은 친구라고 했다.

맥컬리스터는 그리스도를 영접하고 나서 얼마 지나지 않아 죽음을 맞았다. 나는 이제 이 땅에 살면서 그와 만날 일은 없다. 그렇다고 내가 크리스를 만나 악수할 기회가 있으리라고도 예상치 않는다. 우리는 너무 멀리 떨어져 살고 있으며, 세월은 너무도 빠르게 지나간다. 그러나 이 두 사람 다 천국에서 만날 것임을 나는 기대한다. 나는 천국에서 그들이 완전히 화해하고 마침내 그리스도 안에서 영화롭게 될 상상을 한다.

화해와 결과에 대하여

이쯤에서 어쩌면 화해를 강조하는 데 대해 의문이 생길지 모른다. 이미 용서한 사람과 굳이 화해할 필요까지 있겠느냐고 얼마든지 이의를 제기할 수 있을 것이다. 예를 들어 여성이 강간당했을 경우를 살펴보자. 강간범이 회개했다면 이 여성은 그와 화해해야 하는가?

이 질문에 대해 세 부문으로 나누어 답을 하겠다. 첫째, 강조했던대로 용서란 모든 결과를 봐주는 것을 뜻하지 않는다. 성폭력과 같은 경우, 강간범은 피해자에게 접근할 수 없게 돼있을 것이다. 흔치 않은 경우지만, 그 결과가 이혼을 포함 할 경우도 있다.

둘째, 피해자가 그리스도인이라면 그는 회개한 강간범을 긍휼히 여기면서 기꺼이 용서해야 한다. 사실 이 말을 글로 쓰기가 상당히 조심스럽다. 이런 고통을 감수한다는 것이 과연 어떤 건지 내겐 감이 오지 않는다. 그럼에도 그리스도인은 하나님이 그들을 용서하심과 같이 다른 사람을 용서하도록 부르심을 받았다. 이와 같은 경우에, 피해자는 편지로나 또는 면회를 통해 의사소통을 해야 할지 모르겠다. 그러나 당신이 그리스도인이라면, 항상 이것을 기억하라.

즉 누군가로 인해 당신이 입은 상처가 어느 정도이던지 간에, 그것은 당신이 거룩한 하나님께 저지른 죄에 비하면 아무것도 아니라는 사실이다. 그럼에도 불구하고 당신이 누군가를 도저히 용서할 수 없다거나 용서할 마음조차 없다면 이 책의 10장을 읽어보기 바란다.

셋째, 강간범이 그리스도인이 되어 두 사람 모두가 그리스도인이라면 이들에게는 천국의 소망이 있다. 천국에서는 하나님의 백성들과의 관계가 완전하고도 완벽하게 회복될 것이다. 사실, 크리스가 맥컬리스터에게 구원의 복음을 전하면서 하나님께 용서받을 수 있다며 말한 것 중 한 가지는 천국에서 그와의 관계를 갖기 원한다는 것이었다.

당신이 겁탈이나 고문과 같은 끔찍한 일을 당했다 하더라도 하나님은 그의 백성을 구원하시기로 예정하셨다는 놀라운 사실을 잊지 말아야 한다. 하나님은 우리를 용서하심과 같이 우리도 서로 용서 하기를 기대하신다. 또한 그리스도인의 용서란 단순히 죄책감을 없애는데 그치는 것이 아니라 관계회복에 초점을 맞추어야 한다.

결론

하나님이 우리를 용서하심 같이 우리도 다른 사람을 용서하는 것만큼 그리스도를 영광스럽게 하는 일은 아마 없을 것이다. 그것이 바로 크리스 캐리어가 데이비드 맥컬리스터를 용서한 것에 주목하는 이유다. 레오날드 피츠는 크리스에 대해 다음과 같은 칼럼을 썼다.

> 그는 하나님께 진지했다. 그가 신학석사학위를 가졌기 때문이 아니다. 그는 최근까지 소속교회 청년사역 담당자였다. 당신이 이 책을 읽을 즈음이면 그는 텍사스로 이사해서 아내와 두 딸과 함께 기독서점을 개업해 있을 것이다. 그는 자기를 죽이려던 사람에게 굴복한 사람이다. 나라면 절대로 그렇게 할 수 없었을 것이다. 그러나 그는 연약하고 더러운 쓰레기 같은 한 사람을 구하기 위해, 세상의 논리를 역행했다.

이 글의 마지막 부분은 그리스도인의 용서를 정확하게 집약한 것이다. 크리스 캐리어는 "연약하고 더러운 쓰레기 같은 한 사람을 구하기 위해 세상의 논리를 역행했다." 이것이 바로 그리스도가 우리를 위해 하신 일이지 않은가? 우리의 모든 의가 더러운 걸레 같을지라도 그리스도는 모든 논리를 역행하면서까지 믿음으로 그에게 돌아오는 자들을 위하여 기꺼이 자신을 내어 놓으셨다.

정리해보면, 그리스도인은 하나님이 그들을 용서하심과 같이 다른 사람을 용서해야 한다. 자신에게 고통을 준 모든 사람을 긍휼히 여기면서 그들에게 값진 선물을 주어야 한다. 그러면 그들은 그 선물 꾸러미를 뜯으면서 용서와 화해라는 보석을 발견할 것이다.

토론을 위한 질문

- 그리스도인은 가해자를 항상 용서해야 하는가? 그 이유는?
- 이 장에서 그리스도인의 용서를 어떻게 정의하는가?
- 용서란 결과의 소멸을 의미하는가?
- 그리스도인의 용서와 화해는 어떤 관계인가?
- 마태복음 5-7장에 나오는 예수님의 산상수훈을 읽어보라. 그리고 당신에게 고통을 준 사람과 관련해서 최소한 다섯 가지 원리를 유출해보자.

제 5장
감정 그 이상의 것

그가 우리를 흑암의 권세에서 건져내사
그의 사랑의 아들의 나라로 옮기셨으니 그 아들 안에서
우리가 속량 곧 죄 사함을 얻었도다
(골 1:13-14).

회개를 촉구하지 않는 용서에 관한 설교는 값싼 은혜에 불과하다.

디트리히 본회퍼

성경적 용서와 치료적 용서

1984년, 루이스 스미즈라는 사람이 「용서하고 잊어버리라: 억울한 상처의 치유」라는 제목의 책을 출간했는데, 이 책은 날개달린 듯이 팔렸다. 그런데 이 책은 용서에 대한 그리스도인들의 잘못된 사고를 진리인 것처럼 적어놓았다. 따라서 나는 이에 대한 책임을 상당부분 이 책의 저자가 져야된다고 생각한다. 스미즈는 용서란 피해나 피해의식에 대한 적개심 혹은 분노를 멈추는 것으로 정의했다. 그의 견해에 따르면, 용서란 비통함과 증오심을 처리하는 개인적인 방법이라는 것이다. 이것을 그레고리 존스는 다음과 같이 정리했다.

> "스미즈에 따르면 용서란 증오심을 치유하는 하나의 수단이다. 스미즈는 용서란 사람의 마음과 생각 속에서 일어나는 작용이라 보고, 용서를 내면화하고 사적인 것으로 규정했다."

용서에 대한 스미즈의 견해와 본서가 주장하는 용서를 나란히 비교해보면, 이 두 사이에 현격한 차이가 있음을 알 수 있다. 이해를 돕기 위해, 스미즈의 정의를 '치료적 용서'라 하고 필자의 정의를 '성서적 용서'라 하겠다. 물론, 이 명칭 자체가 내가 의도하는 용서의 정의에 딱 들어맞는 표현은 아니지만 말이다.

그림 5-1 치료적 용서와 성경적 용서의 비교

치료적 용서	성경적 용서
용서는 하나의 감정이다. 가해자를 사면함으로 적개심이나 비통한 감정을 없애겠다는 일종의 약속이다.	감정을 떨쳐버리는 것이다.
용서는 사적이거나 개인적인 것이다. 즉 개인의 마음과 생각속에서 일어나는 하나의 작용이다.	용서는 당사자인 두 사람의 사이에서 일어나는 것이다.
용서는 무조건적이다. 용서는 가해자의 회개 유무와는 상관없이 보장되어야 한다.	성경적 용서는 회개를 전제로 한다.
용서는 본래 피해자의 사적인 동기로 시작된다. 자신의 유익을 위해 다른 사람을 용서하는 것이다. 모든 사람에게는 증오심에서 해방될 권리가 있으며, 의도가 순수하더라도 부당하게 상처를 준 사람을 용서할 때, 우리는 정당한 대가를 주장할 수 있다.	이웃과 하나님을 향한 사랑이 성경적 용서의 동기다. 용서는 하나님의 영광과 우리의 기쁨을 위한 것이다.
정의라는 기준이 중요한 게 아니라, 당사자가 어떻게 느끼느냐가 관건이다. 이 정의에 의하면, 아무 잘못이 없는 사람을 합법적으로 용서한다는 말이 성립된다.	용서의 근거는 정의다. 하나님의 기준에 의하면 잘못한 게 전혀 없는 사람을 합법적으로 용서한다는 것은 불가능한 일이다.
용서와 화해는 별개의 것이다	성경적 용서는 화해와 불가분의 관계다.

차이점이 그렇게 중요한 것인가?

스미즈의 '치료적 용서'의 논리는 처음부터 억지임에도 그의 책이 그토록 많이 팔려나간 이유가 있다. 스미즈는 다음과 같이 주장한다.

- 분노와 비통한 감정은 사람에게 매우 해롭다.
- 그러므로 우리에게 잘못한 모든 사람을 우리는 용서해야 한다. 이것이 분노와 적개심을 떨쳐버리는 방법이다.

그럴듯하지 않은가? 물론 비통함은 건강에 좋지 않다. 스미즈의 주장의 문제점은 용서를 재정의 한다는 데 있다. 스미즈에 의하면, 용서는 두 당사자 사이의 계약이나 약속이라기보다 하나의 감정이다. 이런 식으로 용서를 비통함의 해독제에 국한시킨다.

이에 대해 스미즈의 입장을 지지하는 여러 사람들과 토론을 한 적이 있다. 그들의 첫 번째 반론은 "모든 사람을 자동적으로 용서하지 않으면, 고통스러울 것이다"라는 것이다. 그 주장에 대해 나는 "그런게 아니다. 그리스도인은 하나님이 우리를 용서해주신 것처럼 우리도 다른 사람을 용서해야 한다. 사랑하며 은혜를 베푸는 그리스도인은 비통해하지 않는다"라고 설명한다.

그러면 그들은 내 말에 대해 이런 식으로 변명한다. "실은 우리도 다 동의하는 바다. 다만 우리는 용서라는 말을 다른 방식으로 사용할 뿐이다. 우리가 모든 사람은 다 용서받아야 한다고 말하는데 반해 당신은 모든 사람을 용서해야 한다고 말한다. 이는 우리가 단어를 어떻게 사용하느냐 하는 방법의 문제일 뿐이다. 그게 정말 그리도 중요하단 말인가?"

이 질문에 대한 내 대답은 단호하게 "그렇다"이다. 이미 언급했듯이, 치료를 목적으로 하는 접근은 용서의 성경적 용어를 새롭게 정의한 것이기 때문에, 근본적으로 잘못된 것이다. 치료적 용서에서는 우리를 어떤 위치에 두느냐는 문제가 생기기 때문에 매우 위험한 발상이다. 치료를 목적으로 용서를 정의하면, 많은 과오를 범할 소지가 있다. 다음의 사항들이 완벽하지는 않지만 용서를 성경적으로 정의하는 일이 왜 중요한지에 대한 이유를 깨닫게 해줄 것이다.

치료적 용서는 참된 용서에 대한 이해를 왜곡시킨다.

만일 우리가 무조건적으로 모든 사람을 용서해야한다고 말한다면, 이는 참된 용서의 결과를 무시하는 것이다. 두 사람이 당신에게서 돈을 훔쳐갔다고 가정해보자. 나중에 그들이 붙잡혔을 때, 한 사람은 잘못을 뉘우치고 훔친 돈을 변상하려고 최선을 다했다. 반면에, 다른 한 사람은 저지른 일에 대해 전혀 사과하지 않았다. 나아가 이 사람은 마치 자기가 한 일이 무슨 자랑거리나 되는 것처럼 다른 사람들에게 떠벌리기까지 한다.

이제, 이 두 경우에 있어서 은혜를 베푸는 일은 그리스도인의 책임일 것이다. 그리스도인은 항상 기꺼이 용서하려는 마음의 준비를 해야 한다. 그러나 회개한 가해자만이 이 용서의 선물꾸러미를 풀 것이며 용서를 받을 것이다. 두 사람 다 용서받았다고 말하는 것은 회개한 사람에게 일어난 일과 그와의 관계를 회복한 사람에게 일어난 일을 폄하하는 것이다.

"당신은 지금 용서를 화해와 혼동하고 있군요"라는 반응을 들을지도 모른다. 그러나 4장에서 설명했듯이, 용서에는 반드시 화해가 뒤따라야 한다.

치료적 용서는 하나님의 용서에 대한 이해를 새롭게 정의한 것이다

불행하게도, 용서가 단지 사람의 내면에서 사적으로 일어나는 일이라고 말하는 사람들은, 하나님의 용서는 반드시 관계의 회복을 의미하지 않는다고 주장한다. 어느 목사는 "지옥은 하나님의 사랑과 용서를 받아 예수님을 대신 죽게 한 사람들로 만원이다"라고 서술했다. 이 견해가 용서를 어떻게 재정의하고 있는지 당신은 그 의도를 알 수 있겠는가? 이 정의에 따르면, 하나님께 용서를 받고도 여전히 지옥에 갈 수 있다는 것인데, 이 진술은 진리에 대한 정면 도전이다. 용서를 받았음에도 여전히 지옥에 간다면, 이는 성경이 말하는 바, 하나님이 우리를 용서하실 때, 더 이상 우리 죄를 묻지 않으시며 또한 죄의 삯으로부터 우리를 사해주시겠다는 약속과 다른 얘기가 되어버린다.

치료적 용서는 하나님을 용서할 필요가 있을 수도 있음을 암시한다.

인생에서 당면하는 고난과 고통 때문에 하나님을 원망하고픈 유혹에 빠질 때가 있다. 용서를 적개심이나 원망을 자동적으로 멈추는 것으로 정의한다면, 혹자는 하나님을 "용서함으로써" 분노를 해결하는 것이 좋은 길이라고 믿게 될 것이다. 그러나 하나님께 분노하는 것은 결코 옳지 못하다.

스미즈는 또 이런 얘기를 했다.

> 아주 먼 옛날, 한 재단사가 있었다. 이 재단사가 기도를 마치고 회당을 나가다가 한 랍비를 만난다. "레브 아쉬람, 당신은 회당에서 무얼하고 있었소?"라고 랍비가 묻는다.
> "예, 선생님, 기도를 드리고 있었지요."
> "그렇군, 죄를 고백했소?"
> "예, 선생님. 저의 작은 죄들을 고백했지요."
> "지금 작은 죄라고 했소?"
> "예, 제가 가끔 천을 조금씩 훔쳤거든요"
> "그걸 하나님께 고백했소? 레브 아쉬람?"
> "예, 선생님, 저는 이렇게 기도했지요. 하나님, 저는 천 조각을 조금 훔쳤지만요. 당신은 아기들을 죽게 하셨지요. 그래서 당신과 흥정하려구요. 당신이 저의 작은 죄들을 용서해주시면, 제가 당신의 큰 죄를 용서해드리지요."
> 이 유대인 재단사는 하나님을 붙잡고 책임추궁을 했다.

스미즈는 마치 이 이야기를 따라해야 할 어떤 모델처럼 제시한다. 그러나 이는 불행하고도 불경스러운 발상이다. 때로는 고통을 이해하기가 어려운 것이 사실이지만, 우리가 고통당하는 이유는 인간이 하나님을 거역했기 때문이다. 하나님은 주권자로서 모든 것을 주관하시지만 실수로 도덕적인 악을 범하는 분이 아니시다. 어떤 방식으로든 사람이 하나님을 용서하는 것이 합당하다는 생각은 굉장히 잘못된 것이다. 그리고 이것이 바로 용서에 대한 치료적 이해가 지향하는 방향이다.

물론, 우리가 당하는 환난과 고통 때문에 하나님을 원망하려는 유혹을 받을 때가 있다. 욥이 씨름했던 것처럼 말이다. 욥은 고통으로 인해 하나님을 원망하는 지경까지 갔지만 결국 그는 회개했다. 그가 하나님을 용서한 것이 아니다.

하나님께 분노를 느낄 때, 우리가 하나님을 용서한다는 것은 깊은 상처 위에 감정의 굴레를 덧씌우는 것이다. 대신에 그 일이 왜 일어났는지 우리는 그 이유를 알 수 없다는 사실도 인정해야한다. 그러나 우리는 하나님이 우리를 사랑하셔서 십자가에서 우리의 고통을 담당하셨다는 사실을 확신할 수 있다. 하나님은 궁극적으로 그의 영광과 백성들의 유익을 위해 항상 옳은 일 속에서 최선을 이루신다는 것을 믿을 수 있다. 머지않아 그리스도는 재림하실 것이며, 더 이상 사망이나 곡하는 것이나 눈물이나 아픈 것이 없을 것이다(계 21:3-5). 고통 중에서 구제받기를 갈망하는 이들은 하박국 선지자와 함께 다음과 같이 선포해야 하리라.

> 내가 들었으므로 내 창자가 흔들렸고 그 목소리로 말미암아 내 입술이 떨렸도다 무리가 우리를 치러 올라오는 환난 날을 내가 기다리므로 썩이는 것이 내 뼈에 들어왔으며 내 몸은 내 처소에서 떨리는도다 비록 무화과나무가 무성하지 못하며 포도나무에 열매가 없으며 감람나무에 소출이 없으며 밭에 먹을 것이 없으며 우리에

양이 없으며 외양간에 소가 없을지라도 나는 여호와로 말미암아 즐거워하며 나의 구원의 하나님으로 말미암아 기뻐리로다 (합 3:16-18).

치료적 용서는 값싼 은혜를 초래하며 악을 분별해서 악이라 부르기를 꺼린다

이미 아는 대로, 그리스도인이 자동적으로 용서해야 한다면 사람들은 오래잖아 하나님이 사람들을 자동적으로 용서해야 한다고 말하기 시작할 것이다. 오늘날 많은 사람들이 진심으로 회개하지도, 믿지도 않으면서 스스로를 그리스도인이라고 생각한다. 이 복음의 훼손을 디트리히 본회퍼는 소위 '값싼 은혜'라고 지적했다. 값싼 은혜로 인한 비극은 복합적이다. 첫째, 실제로는 그리스도인이 아니면서 자신을 그리스도인이라고 생각하는 사람들이 상당히 많다는 것이다. 값싼 은혜의 두 번째 부정적 결과는 믿는 자들이 옳고 그름의 분별력을 상실하게 된다는 것이다. 악을 분별해내서 악이라고 규명하지 못할 때, 곧 악이 창궐하게 된다.

본회퍼는 독일 그리스도인들이 나치에 항거하지 못한 것은 값싼 은혜 때문이라고 주장했다. 그레고리 존스는 다음과 같이 요약한다. "값싼 은혜는 죄인이라고 규명하는 대신, 도리어 죄를 정당화하기 때문에 절실한 구원의 필요를 부인한다. 이로써 값싼 은혜는 삶의 변화도 없이, 그리스도 안에서 죽고 다시 산다는 깨달음도 없이 막연한 위안을 준다." 그리고 본회퍼는 다음과 같이 결론지었다. "독일 루터교는 값싼 은혜에 굴복했기 때문에 히틀러에게 항거하지 못했다."

그리스도의 신실한 제자도가 사람을 능력 있게 만든다면 회개와 고백은 용서라는 보다 큰 작업의 한 부분으로서 특별하고도 구체적인 방법으로 실천되어야 한다는 것, 이것이 바로 본회퍼가 훈련의 중요성을 강조한 이유이며, 또한 용서는 조건을 전제해야만 한다고 주장한 이유다.

본회퍼의 말을 액면 그대로 들어보자.

> "어느 때나 값싼 은혜는 부메랑이 되어 반드시 우리에게 되돌아온다. 은혜를 성도들에게 값싸게 내놓는 것이 습관이 되면 우리는 반드시 '조직교회의 붕괴'라는 쓰라린 대가를 지불하게 된다. 우리는 하나님 말씀과 성례전을 대폭 할인판매로 처분했으며, 요청하지도 않는 사람에게 세례를 주고, 교인으로 인정하고, 그들의 죄를 조건 없이 사면했다. 우리의 인본주의적 감상주의가 결국 경멸하는 자들과 믿지 않는 자들에게 거룩한 것을 값싸게 주어버린 것이다. 우리는 끝없는 은혜의 물줄기를 쏟아 부었지만 그리스도를 본받아 회개하고 좁은 길로 가라는 음성은 거의 들려주지 못했다."

우리는 이 경고를 오늘 자신을 위한 것으로 받아들여야 한다. 21세기를 살아가는 오늘, 마치 1920년 말과 1930년대의 독일과 같이, 악이 기승을 부리고 있다. 교회는 모든 사람이 조건 없이 용서받아야 한다는 선언을 그치고, 악을 분별해내고 악을 규명해야 한다.

치료적 용서는 교회 공동체의 치유를 방해한다

용서를 본래 사적이고 개인적인 것이라고 생각할 때, 화해의 중요성은 사라진다. 치료적 용서는 사람들이 화해라는 힘든 작업을 통과하는 대신 고통을 준 사람을 멀리하는 편을 선택하게 만들었다.

이제 내 개인적인 경험을 나누고자 한다. 대부분의 목회자들과 마찬가지로, 나는 우리 교회 성도들과의 대인관계에서 고통스러운 시련들을 겪었다. 과거 한 교회에서 목회가 실패와 미숙함으로 끝난 적이 있다. 이는 나 자신에게나 우리 가족들 모두에게 참으로 고통스러운 일이었다. 다행히 오래지 않아 다른 목회지로 옮기게 되었지만, 이런 아픈 경험은 되도록 빨리 잊어버리라는 내면의 유혹이 느껴졌다. 그래서 우리 가족이 가장 쉽게 할 수 있는 일은 그 교회에서의 삶의 한 장을 완전히 접어버리고, 그 갈등에 대해 다시는 생각지 않는 것이었다. 당시 용서가 단순히 사적으로 이루어지는 것이라고 생각했다면, 나는 모든 것을 잊어버리는 바로 그 길을 택했을 것이다. 그러나 나는 이 책의 자료들을 정리하면서 선한 양심으로는 도저히 그렇게 할 수 없음을 알았다.

그러던 중, 이전 목회지에서의 실패를 되돌아보면서 내 결정에 잘못했던 부분을 깨닫게 되었다. 그리고 이 일이 줄곧 뇌리에서 떠나질 않았다. 마침내, 그것이 내가 해결해야 할 일이란 걸 알았다. 나는 즉시 전화를 걸어 전의 교회 일에 관계된 사람들을 만나기로 약속하고, 내 마음에 떠오른 것을 전하려고 최선을 다했다. 당신은 "그리고 그 만남은 복되고 즐거운 시간이었을 것입니다"라는 말을 듣고 싶을 것이다. 그러나 전혀 그렇지 않았다. 솔직히 정말 힘든 시간이었다. 상대방은 내 고백을 달가워하지 않았고, 그 만남은 만족스럽지 못했다. 후에, 우리는 몇 차례 더 연락을 취했고 서서히 관계가 회복됐다. 그러나 본래 화해를 시도한다는 것은 고통스럽고 모험적인 일이다. 결과적으로 쌍방 간에 많은 진전이 있었지만, 의견 대립이 완전히 해소된 것은 아니었다.

이것이 주님이 원하시는 것이다. 하나님은 우리가 현재 관계에 대해서는 잊어버리고 그냥 전진하기를 바라지 않으셨다. 그리스도의 몸의 지체들은 자신의 능력으로 다른 사람들과 새로운 관계를 맺고 인생을 다시 시작하는 것이 아니라, 서로가 자기를 희생하는 사랑을 보여야 한다. 그럴 때 비로소 세상과 구별된다.

치료적 용서는 자신의 죄문제 해결을 피해도 되는 것처럼 느끼게 한다
치료적 용서에는 진리가 아니라 느낌이 기준이 된다. 비통함이나 원통함을 느낀다면, 이에 대한 적법한 반응은 용서하는 것이다. 이러한 접근은 많은 경우에 사람들의 느낌이 잘못될 수 있다는 점을 놓치고 있는 것이다. 잠언 16장 2절은, "사람의 행위가 자기 보기에는 모두 깨끗하여도 여호와는 심령을 감찰하시느니라"고 한다.

심지어 우리는 자신의 동기가 순수하다면서 자기 양심을 설득하고 자신을 속인다. 그러나 오직 하나님만이 존재의 깊은 내면을 아신다. 성경적으로 용서한다는 것은 우리가 단지 감정보다는 진리와 씨름하는 것이다. 그런 과정을 통해 우리는 죄문제의 해결을 위한 열쇠를 찾게 된다.

치료적 용서는 그리스도인이 겪게 될 핍박과 악에 대해 우리를 준비시키지 못하게 한다

세상에는 도저히 이해할 수 없는 악이 있다. 그럼에도 불구하고 용서를 해야 한다면 그때는 실제 사례들과 우리의 이해 사이에 합의가 이루어져야 할 것이다.

이삼 년 전, 고난과 고통에 대한 시리즈 설교를 준비하고 있을 때였다. 설교 참고자료로 오스 기니스(Os Guinness)가 쓴 「형언치 못할 사건: 대학살과 테러에 직면하여」라는 제목의 책을 읽는 중이었다. 이 책에서 저자는 보스니아 내전에 관한 이야기를 다루었다

> "한 젊은 이슬람교도인 어머니가 곁에서는 그녀의 아기가 자지러지게 울고 있고 남편과 부친이 보는 앞에서 반복적으로 강간을 당했다. 드디어 괴롭히던 자들이 일을 끝냈을 때 그녀는 아기에게 젖을 먹이게 해달라고 애원했다. 그러자 그 중 한 강간범이 잽싸게 아기의 목을 잘라서 아기 엄마의 무릎에 던졌다."

세상에 어떻게 이런 끔찍한 일이 있을 수 있는지 도저히 상상이 되지 않는다. 우리 세대에 다시는 이런 일이 없기를 바라지만 현실은 언제나 그렇지 못하다. 살인으로 얼룩진 100년의 세월은 불과 한 세기 전의 일이다! 폴 폿은 캄보디아에서 2백만 명을, 스탈린은 러시아에서 3천만 명을, 모택동은 중공에서 6천 5백만 명을 학살했다. 르완다

에서는 후투족이 백일 동안 투치족 65만 명을 사살했다. 도대체 정의는 그리스도인의 용서와 어떻게 연결될 수 있단 말인가!

용서에 대한 치료적 이해를 주장하는 사람들은 강간을 당하고 자기 아기가 목이 베이는 것을 목격한 보스니아 여인에게 강간범들을 향한 분노와 원한을 버려야 한다고 말할 것이다. 그렇게 하지 않으면, 더욱더 비통하게 되고 나쁜 감정이 지속되기 때문이라는 것이다. 용서의 치료적 이해는 결국 이 여성에게 자동적으로 용서하라고 권할 것이다. 이 같은 권고에 대해, 그녀가 당신에게 무슨 말을 할지 상상이 되는가? 이것이 진정 우리가 그녀에게 해주어야 할 말인가? 아니면 그녀에게 그리스도를 제시하며 계시록 6장에 나오는 성도들의 기도를 보여 줄 것인가?

> 큰 소리로 불러 이르되 거룩하고 참되신 대주재여 땅에 거하는 자들을 심판하여 우리 피를 갚아 주지 아니하시기를 어느 때까지 하시려 하나이까 하니 (계 6:10).

11장과 12장에서 그리스도인들이 이런 악에 어떻게 반응해야 하는지 내가 믿는 바를 요약하고자 한다. 지금 여기서는 치료적 용서로는 인생을 살아가면서 언제 어디서 우리가 직면하게 될지 모르는 악의 가능성에 대해 전혀 우리를 준비시켜 주지 못한다는 사실만으로 충분하리라.

결론

　용서란 유일하신 참 하나님이 회개하고 믿음을 가진 자를 당신과 화목케 하기 위해 자비롭게 사면하신다는 헌신적인 약속이다. 그러나 이 약속이 모든 결과의 소멸을 의미하지 않는다는 것을 다시 강조하고 싶다.

　이 정의와는 대조적으로, 치료적 이해에서 용서란 분노와 비통함과 원한을 제거하는 개인적인 문제다. 이를테면 그리스도인은 항상 자동적으로 용서해야 한다는 것이다. 치료적 용서는 감정에 기초하기 때문에, 심지어는 하나님을 용서하는 일까지 생기게 된다.

　결과적으로, 어느 정의가 보다 더 성경적인가? 이는 독자들이 가장 궁금해 할 질문이다! 모든 삶은 관계로 이루어진다. 하지만 타락한 세상에서 관계는 훼손되고 깨어지기 때문에 용서에 대한 우리의 이해와 믿음이 하나님의 영광과 자신의 기쁨을 위해 전진할 수 있을지의 여부를 결정하게 된다.

토론을 위한 질문

- 용서와 감정의 관계는 어떤 것인가?
- '용서란 근본적으로 감정'이라는 주장의 결과는 무엇인가?
- 당신은 사람이 하나님께 용서받고도 여전히 지옥에 갈 수 있다고 믿는가? 믿는다면 그 이유는? 또는 믿지 않는 경우라면 이유는 무엇인가?
- 사람이 하나님을 용서한다는 것이 타당하다고 믿는가? 믿는다면 그 이유는? 또한 믿지 않는 경우라면 이유는 무엇인가?

미국의 위대한 목사이자 신학자인 조나단 에드워즈는 44세에 하나님의 부르심을 받았다. 남편의 사망 직후, 아내 사라 에드워즈는 딸에게 이런 글을 써 보냈다.

> "내가 무슨 말을 하겠니? 거룩하고 선하신 하나님께서 먹구름으로 우리를 덮으셨구나. 우리가 순순히 벌을 받아야 하는지 모르니 손으로 입을 가려야 할 뿐이로구나! 데려가신 분은 하나님이시다. 그동안 우리에게 그이를 주셨던 하나님의 선하심을 찬양한다. 나의 하나님은 살아계시고 또 내 마음을 아신다. 우리 모두는 하나님의 소유라는 사실이 네 아버지가 우리에게 남기고

가신 놀라운 유산이다. 그렇기 때문에 하나님이야말로 우리가 가장 사랑해야 할 분이시다."

남편의 죽음이라는 비극 앞에서 사라 에드워즈가 보인 반응은 감히 하나님을 용서한다는 생각과는 너무나 대조되지 않는가? 왜 그런 일을 당해야 하는지 도저히 이해할 수 없는 상황에서도 그 일을 수용해야만 했던 때가 당신에게도 있었지 않았는가?

제6장
오르막은 내리막

무릇 마음이 가난하고 심령에 통회하며 내 말을 듣고 떠는 자
그 사람은 내가 돌보려니와

(사 66:2하).

하나님을 묵상하는 것 그 이상 마음을 겸허하게 만드는

묵상 제목은 없다.

찰스 스펄전

용서는 갈등의 해결과 관련이 있다. 갈등을 안고 살아간다는 것은 참으로 어리석은 일이다. 그렇지 않은가? 잠언은 이를 신랄하게 지적한다.

> 다투며 성내는 여인과 함께 사는 것보다 광야에서 사는 것이 나으니라 (잠 21:19).

> 마른 떡 한 조각만 있고도 화목하는 것이 제육이 집에 가득하고도 다투는 것보다 나으니라 (잠 17:1).

표현만 다를 뿐, 이 구절들은 이런 말이다. "다투면서 냉수 한 모금 얻어 마시느니 차라리 고비사막에서 목마른 게 더 낫지! 계속 다투면서 사느니 추수감사절 만찬으로 마카로니랑 치즈 먹고 사는 게 더 낫다!" 세상에는 다툼을 피하기보다 오히려 다툼을 쫓아다니는 사람들이 있는 게 사실이다(잠 17:19). 그러나 대개는 가정에서 화목을, 이웃과는 좋은 관계를, 교회에서는 화합을 갈망한다. 오직 미련한 자만 다툼을 일으킨다(잠 20:3).

이 같은 갈망에도 불구하고, 화합은 아직도 우리를 묘하게 피해 다니는 것 같다. 우리는 분쟁을 좋아하지 않으면서도 여전히 많은 갈등을 안고 살아간다. 지난 몇 년 동안의 목회를 뒤돌아보며, 갈등을 해결하려고 골몰하며 보낸 시간이 얼마나 많았던가를 회상하니 지금도 가슴이 아프다. 그러나 깨어진 관계를 회복하기 위해 많은 시간을 보내는 일이 비단 내게만 있는 일은 아니다. 결혼상담이든, 아니면 교회 내의 의견대립이든, 갈등이 원만하게 해결되지 않음으로 인해 많은 목회자들의 목회일정에 많은 차질을 가져오게 되며 또 그들의 마음을 무겁게 한다.

분쟁에 대처하시는 예수님

해결되지 않은 수많은 분쟁 때문에 우리는 마태복음 18장을 바로 이해할 필요가 있다. 마태복음 18장은 분쟁의 해결과 용서에 관한 교훈을 가장 집중적으로 다루고 있다.

> 가버나움에 이르러 집에 계실새 제자들에게 물으시되 너희가 길에서 서로 토론한 것이 무엇이냐 하시되 그들이 잠잠하니 이는 길에서 서로 누가 크냐 하고 쟁론하였음이라 (막 9:33-34).

예수님이 방금 자신의 죽음에 대한 말씀을 마치자마자, 곧바로 제자들 사이에 장차 올 왕국에서는 누가 큰 자인가에 대한 격론이 벌어진다. 말할 필요도 없이, 그런 논쟁을 벌일 적절한 시기나 상황이 아니었다. 예수님은 제자들의 다툼에 마태복음 18장의 말씀으로 반응하셨다. 예수님은 이들이 주님의 교회를 시작할 지도자들이라는 것을 아셨다. 그런데도, 이들은 벌써부터 자리다툼을 하고 있었던 것이다. 그러나 예수님은 조용히 그들을 불러 모으셨다.

물론, 마태복음 18장 말씀은 당시 제자들만을 위해 주신 말씀이 아니라, 오늘 우리를 위한 말씀이기도 하다. 사람은 언제나 제일 높은 자리를 원한다. 누가 가장 위대한 자인가의 문제로 분쟁이 항상 끊이지 않았다면 그리스도인 공동체는 존재하지 못했을 것이라고 본회퍼는 갈파했다. 그러나 이 말은 분쟁을 줄이기 위해 우리가 할 수 있는 일이 하나도 없다는 의미가 아니다. 바로 이런 이유 때문에, 마태복음 18장 1-4절은 놀라운 축복이 아닐 수 없다.

"제겐 갈등이 너무 많아요. 어떻게 하면 제가 올바른 방법으로 다툼을 제거하고 의견대립을 피할 수 있을까요?" 라고 예수님께 질문한다고 상상해보라. 그러면 예수님은 분명히 마태복음 18장의 말씀으로 대답하실 것이라 믿는다. 진심으로 우리가 말씀대로 행했다면 갈등은 처음부터 일어나지 않았을 것이다. 그리고 설사 의견대립이 생겼다하더라도, 훨씬 효과적으로 해결할 수 있었을 것이다.

겸손하라

예수님은 관계에 관한 설교를 실물교육으로 시작하셨다. 아마 지금까지 많이 들어 온 이야기일 것이다. 새로운 시각으로 다시 접근해 보자.

> 그 때에 제자들이 예수께 나아와 이르되 천국에서는 누가 크니이까 예수께서 한 어린 아이를 불러 그들 가운데 세우시고 이르시되 진실로 너희에게 이르노니 너희가 돌이켜 어린 아이들과 같이 되지 아니하면 결단코 천국에 들어가지 못하리라 그러므로 누구든지 이 어린 아이와 같이 자기를 낮추는 사람이 천국에서 큰 자니라 (마 18:1-4).

이 장면을 상상해 보라. 예수님이 어린 아이 하나를 부르셨다. 아마도 이 아이는 쉬운 말은 알아들을 수 있으며, 또 팔로 안고 있을 만한 3, 4세 어린이가 아니었을까 싶다. 어린 아이들은 잘 모르는 사람 옆에 있으면 수줍어하는 경향이 있음을 미루어 볼 때, 예수님이 이 어린 이를 잘 아시는 것으로 추측된다. 어쩌면 베드로의 아들이나 딸일지 모르겠다. 아장아장 걸어 온 한 어린 아이가 예수님 팔에 안겼다. 그 때 예수님은, "천국에 들어가려면 이 어린 아이와 같이 되어야 한다"고 단도직입적으로 말씀하셨다.

그렇다고 무조건 어린이들을 과대평가하지는 말라. 예수님 말씀의 핵심은 어린이가 순전하다는 것이 아니다. 나도 부모인지라 직접 경험해보았다. 우리 큰 딸이 세 살쯤 됐을 때, 계속 치약을 가지고 놀고 있었다. 치약은 가지고 노는 장난감이 아니란 걸 알고 있으면서도 계속 말을 듣지 않았다. 그래서 나는 치약을 여기저기 묻히며 장난하지 못하게 할 셈으로 "너 또 다시 치약을 가지고 놀면 아빠가 맴매할거야"라고 말했다.

그러나 나의 엄한 경고에도 아이는 아랑곳하지 않았다. 그리고 화장대 바로 옆에서 치약을 또 집어 들고는 내 눈을 똑바로 쳐다보며, "나 치약 집었는데" 하는 것이었다. 순간 나는 당황했다. 이는 마치 검은 곱슬머리 클린트 이스트우드(유명한 미국 영화배우, 감독-역자 주)가 총기 없는 눈으로 나를 쳐다보며 "해 볼 테면 해봐, 묵사발 내줄테니!"라고 내뱉는 그의 명대사를 세 살짜리 여자아이 버전으로 바꾼 것처럼 들렸다. 그 날 딸아이는 아빠가 진짜 약속을 지키는 사람이라는 것을 톡톡히 경험했으리라.

이와 비슷한 얘기는 당신도 많이 알고 있을 것이다. 제임스 답슨(James Dobson)의 저서, 「고집쟁이 아이」(The Strong-Willed Child)가 수십만 권이나 팔린 데는 그럴 만한 이유가 있다. 예수님 당시에도 어린이들이 온전한 것은 아니었다. 어린아이와 같이 되라고 말씀하셨을 때,

예수님이 꼭 순결한 아이의 성품을 생각한 것은 아니었다. 예수님은 우리 모두가 닮도록 힘써야 할 어린아이의 두 가지 특성을 지적하신 것이다. 첫째, 고대 근동지역에서는 아이들은 "눈에 띄지도 소리가 들리지도 않게 해야 하는" 존재였다. 그래서 아이들은 어떤 공식적인 모임에는 얼씬거리지 말아야 했다. 이는 나쁜 뜻이 아니라 정숙하다는 의미다.

둘째, 어린이는 그 부모를 의지한다. 고집 센 아이들도 마찬가지다. 무릎이 조금만 까져도 엄마를 찾기 바쁘다. 가족이 함께 여행을 할 때면, 차에서 곤히 잠들어 버려 침대로 옮길 때까지도 깨어나지 않는다. 아이는 부모를 믿기 때문이다.

용서와 갈등의 해결에 대한 가르침에서, 예수님은 제자들에게 첫째, 겸손할 것을 말씀하셨다. 공공장소에서 정숙할 줄 알며, 부모를 전적으로 신뢰하는 아이들은 성경적 겸손을 보여주고 있는 것이다. 성경적 겸손은 하나님 아버지를 온전히 의지하며 그분과의 바른 관계 속에서 자신을 보게 한다. 성경적 겸손은 높은 지위를 뒤쫓지 않는다.

높아지려면 낮아져야 한다

동시에, 예수님은 제자들에게 위대함을 추구하는 일을 포기하라고 말씀하지 않으셨다. 제자들 사이에 논쟁이 벌어진 것은 그들의 시선이 위대함에 고정됐기 때문이었다. 예수님은 그들이 어떤 지위를 열망하는 것이 죄라고 말씀하시는 대신 높아짐의 의미를 새롭게 정의하면서 그것을 추구하는 방법을 가르치셨다. 이는 우리로 하여금 행복이나 보상을 원하는 것이 잘못된 것이 아님을 깨닫게 해준다. 예수님은 위대함이나 명예를 추구하는 것을 금하지 않으셨다. 오히려 진정한 위대함이 어떤 것이며 어떻게 이룰 수 있는지를 가르쳐 주신다. 마가복음 10장 43-45절을 묵상해 보라.

> 너희 중에는 그렇지 않을지니 너희 중에 누구든지 크고자 하는 자는 너희를 섬기는 자가 되고 너희 중에 누구든지 으뜸이 되고자 하는 자는 모든 사람의 종이 되어야 하리라 인자가 온 것은 섬김을 받으려 함이 아니라 도리어 섬기려 하고 자기 목숨을 많은 사람의 대속물로 주려 함이니라 (막 10: 43-45).

이 구절들에서, 예수님은 제자들에게 위대함을 추구하도록 격려하셨으며, 진정으로 위대한 사람은 겸손히 다른 사람을 섬긴다고 말씀하셨다. 바로 참된 겸손이 위대함에 이르는 지름길임을 가르쳐주신 것이다. 아울러서 잠언서는 진정한 명예가 무엇이며, 어떻게 얻는지에 대해 반복해서 설명하고 있다.

> 여호와를 경외하는 것은 지혜의 훈계라 겸손은 존귀의 길잡이니라 (잠 15:33).

> 사람의 마음의 교만은 멸망의 선봉이요 겸손은 존귀의 길잡이
> 니라 (잠 18:12).

> 겸손과 여호와를 경외함의 보상은 재물과 영광과 생명이니라
> (잠 22:4).

> 사람이 교만하면 낮아지게 되겠고 마음이 겸손하면 영예를 얻
> 으리라 (잠 29:23).

존귀를 얻기 위한 방법이 있다. 그것은 돋보이는 자리를 스스로 탐하기보다 어린아이 같이 되고, 자신을 아무 것도 아니라고 생각하면서 하나님을 철저히 그리고 전적으로 인정하는 것이다. 하나님의 영광을 위하여 다른 사람을 섬길 때 우리는 하나님께로부터, 하나님을 통해서 오는 존귀를 얻을 수 있게 된다.

겸손의 파장

예수님은 분쟁의 해결과 용서라는 맥락에서 겸손에 대해 가르치셨다. 첫째, 진정한 겸손은 갈등의 기세를 초장에 꺾어버린다. 어떤 모양으로든, 자만은 모든 분쟁과 다툼의 원인이다(약 4:1-10; 마 7:1-5). 둘째, 우리가 진실로 겸손하면 갈등은 훨씬 더 빨리 해결될 것이다. 겸손에 관한 예수님의 가르침에 비추어 갈등을 분석해 보는 것은 매우 유익하다. 목회자의 가정에도 갈등은 언제나 있다. 이 사실에 놀라는

성도들이 많으나 이건 사실이다. 며칠 전 교회에서 아이들을 집으로 데려 가고 있었는데, 소위 '조수석 자리쟁탈전'이 생긴 것이다. 아이들은 이런 저런 이유로 저마다 앞자리에 앉길 좋아한다. 아이들의 자리다툼을 피하기 위해, 아내는 언제 누가 앞좌석에 앉을 것인지에 대한 기준을 마련했다. 그런데 사실 나는 그 수칙의 자세한 내막을 모르고 있었고, 그래서 결국 그날 일이 터져버렸다. 교회에서 우리 집까지는 정확히 3킬로미터도 못 되는 가까운 거리다. 미국이라지만 우리는 시골에서 살기 때문에 집에서 교회까지 고작 삼사 분이면 족하다.

그런데도, 아이들은 조수석에 앉으려고 기를 쓰며 누구 차례인지를 다툰다. 이는 분명 엄마 쪽 성향을 닮은 것 같다. 그 때 나는 교회의 중요한 문제로 통화중이었는데, 그 자리다툼이 그칠 줄을 모르는 것이었다. 그래서 나는 찡그린 얼굴로 야단치는 시늉을 하며 모두 조용히 자리에 앉지 않으면 아빠가 혼내줄 거라는 암시를 분명히 했다. 모든 부모라면 이해하겠지만, 이는 '정당한' 분노였다. 한 집사님과 중요한 문제에 관해 의논 중인지라 목사로서의 정중한 대화의 톤을 유지해야겠는데, 자녀들은 계속 자리다툼을 하다니! 결국 아이들은 나름대로 차 안에서 정착하더니 잠잠해졌다(집에 도착해서 서로 컴퓨터를 하겠다고 싸움이 벌어지기 전까지).

지금, 우리가족 모두가 성경적 겸손을 실천하려 애썼다고 상상해보자. 그렇다면 우선 우리 아이들이 스스로 앞자리에 앉는 특권을 양보하려 했을 것이고, 당연히 다툼은 없었을 것이다. 그러나 반대로 이런저런 이유로 자리를 정하는 데 혼란이 있었다하더라도 어린아이 같은 겸손한 마음이라면 틀림없이 문제를 금방 해결했을 것이다.

그러나 이 사건에서 내가 가장 확실하게 깨달은 것은 아이들의 행동이 아니라, 나 자신의 행동이었다. 왜 나는 언짢은 몸짓과 행동으로 그 상황을 해결하려 했는가? 내가 겸손하게 아이들을 가르치며, 또 주의 교양과 훈계로 아이들을 양육하려 했기 때문인가? 그건 아니었다. 나 스스로 자만심이 생겨 아이들에게 실망했기 때문이다. 화를 낸 이유는 사실 아이들 때문이 아니라 바로 나 때문이었다. 내가 어린아이 같은 겸손한 자세를 취하지 못했기 때문에 오히려 갈등을 증폭시킨 것이다.

결심한다고 다 겸손해 지는 것은 아니다.

그러므로 겸손하라. 얼마나 간단한가? 지당한 말씀이다. 이론적으로는 어려울 게 없다. 그러나 실천이 어려운 이유는, 교만이라는 죄악이 우리 마음속에 자리 잡은 채 생각을 지배하기 때문이다. 교만은 여러 가지 형태로 우리 마음을 지배한다.

- 교만은 당신을 지나치게 비판적으로 만든다(빌 1:9-11; 롬 12:1-2). 분별력은 좋은 것이지만 사람을 분별하다보면 때로는 비판을 피할 수 없기 때문에 감정이 지나칠 때가 생기게 된다. 그래서 교만은 근본적인 문제다.

- 교만은 불안하게 한다. 이 불안감은 자아에 집착할 때 더욱 커지며, 이로 인해 가끔 다른 사람을 배신하게 된다.
- 교만은 수줍게 한다. 예를 들어, 사람들 앞에서 기도하기를 꺼리는가? 그 이유는 당신의 주된 관심사가 다른 사람들에게 당신이 어떻게 비쳐질까에 집중되기 때문이다.
- 교만은 지나치게 민감하게 만든다. 지나치게 예민한 사람은 다른 사람을 오해하고 억측을 자아낸다.
- 교만은 다른 사람을 무시하게끔 한다. 다른 사람과 함께 문제를 끝까지 해결하는 것을 꺼리거나 답변에 불성실하다면 늘 자신이 남들보다 우월하다고 생각하는 경향이 있기 때문이다.
- 교만은 친구나 가족들 앞에서 무안해하는 감정을 느끼게 한다. 이 역시 다른 사람들이 당신을 어떻게 볼지 지나치게 예민하기 때문이다.
- 교만은 또한 염려하게 한다. 이것은 자존감의 결핍이자 하나님이 아닌 다른 것에 의존하기 때문이다.

당신이 위 항목 중 해당사항이 하나도 없다고 해서 교만으로부터 자유로울 수는 없다. 우리 모두는 어떤 방식으로든 지나칠 만큼 자기중심적이다. C. S. 루이스는 "스스로 자만심이 강하지 않다고 생각하는 사람이야말로 진짜 자만심이 강한 사람이다"라고 말했다. 그는 또한 "자신에 대해 무지한 것보다 더 무지한 것은 없다"라고도 했다. 그러므로 문제는 교만과 씨름하느냐 않느냐가 아니라, 어떻게 씨름하느냐인 것이다.

당신이 누군가를 진심으로 용서하기 원한다면, 제일 먼저 할 일은 이기주의나 교만이 삶 속에서 어떻게 영향을 주고 있는지를 빨리 깨닫는 것이다. 교만은 갈등을 유발하는 첫 번째 요인이 된다는 사실을 유념하자. 교만은 상대방을 용서하고 문제를 해결하고자 하는 마음과 생각을 방해하기 때문이다.

교만이 우리의 삶 속 어디에서 어떤 모양으로 나타나는지를 알게 되면, 우리는 마음을 새롭게 하기 위해 악한 행동을 억제하고 옳은 행동을 하도록 결심하게 된다(엡 4:22-24). 그러나 우리의 의지만으로 겸손해질 수는 없다. "좀더 겸손해야지"라는 말만 반복한다고 겸손해지는 것은 아니기 때문이다. 왜냐하면 교만과 씨름하는 근본 원인이 바로 교만으로 똘똘 뭉쳐진 자아이기 때문이다.

진정으로 겸손해질 수 있는 유일한 길은 시선을 자신에게서 돌려 예수 그리스도의 아름다움과 영광을 묵상하는 것이다. 겸손은 관점의 문제다. 따라서 하나님과의 바른 관계 속에서 우리 자신을 보는 것이다. 하나님의 영광을 대면한 이사야는 스스로 겸손해지려 하지 않았다(사 6:3-5). 겸손은 결과인 것이다. 당신이 겸손하기를 원한다면, 먼저 하나님의 위엄과 위대하심에 대한 당신의 이해의 폭을 넓히라. 그리고 이사야서 40장 말씀을 찾아 소리 내서 읽어보라. 한 번 이상 읽으라. 주님의 광대하심을 깊이 묵상하라. 그리고 성부 하나님과 그분의 역사에 대한 다음 질문들을 음미해보자.

> 누가 손바닥으로 바닷물을 헤아렸으며 뼘으로 하늘을 쟀으며 땅의 티끌을 되에 담아 보았으며 접시저울로 산들을, 막대 저울로 언덕들을 달아 보았으랴 누가 여호와의 영을 지도하였으며 그의 모사가 되어 그를 가르쳤으랴 그가 누구와 더불어 의논하셨으며 누가 그를 교훈하였으며 그에게 정의의 길로 가르쳤으며 지식을 가르쳤으며 통달의 도를 보여 주었느냐 보라 그에게는 열방이 통의 한 방울 물과 같고 저울의 작은 티끌 같으며 섬들은 떠오르는 먼지 같으리니 (사 40:12-15).

만일 우리가 하나님의 영광의 광대하심을 어렴풋이나마 감지하기 시작한다면, 우리의 다툼은 에베레스트 산 밑에서 누가 더 크냐면서 다투는 개미와 같음을 깨달을 것이다. 전능하신 하나님의 광대하심은 하늘 저 꼭대기에 있는데, 우리는 사소한 의견대립으로 억지 변명을 하고 있는 것이다. 상대방을 자신과 비교하고 판단하는 일을 그치고, 스스로에게 취해 자꾸만 거울을 들여다보는 일도 멈추라. 이제부터는 말씀 속에 있는 그리스도의 아름다우심에 시선을 고정시키자.

결론

마태복음 18장의 관계에 대한 설명에서 예수님이 강조한 첫째 진리는 높아지는 길이 바로 낮아지는 것이라는 것이다.

토론을 위한 질문

- 겸손을 정의하라. 다툼과 용서가 일어나는 곳에서 겸손은 우리에게 어떤 도움을 주는가?
- 진정한 겸손을 추구하는 유일한 길은 무엇인가? 그 외의 다른 방법이 실패로 끝나는 이유는 무엇이라 생각하는가?
- 이사야서 40장을 읽어보라. 이 말씀은 이스라엘이 엄청난 정신적 압박으로 고통받던 시기에 쓰여졌다. 이사야는 그들을 어떻게 위로하는가? 잠잠히 하나님의 역사를 기다리는 마음은 어디에서 비롯되었는가?(사 40:28-31)
- 최근에 당신이 겸손하지 못해 다툼을 일으켰거나 혹은 대인관계에서 긴장을 초래했던 적은 언제인가?(만일, 교만 때문에 몸부림쳤던 때를 기억할 수 없을 정도라면, 이는 당신에게 겸손이 정말 부족하다는 의미일지도 모른다).

제7장
절박한 상황에서의 용서

누구든지 나를 믿는 이 작은 자 중 하나를 실족하게 하면
차라리 연자 맷돌이 그 목에 달려서
깊은 바다에 빠뜨려지는 것이 나으니라 (마 18:6).

우리가 심판의 날을 어찌 대할지 말해보시오.

분을 품은 채 해가 저문지 하루도 아니고 오랜 세월이 지났다는 것은

저 태양은 알고 있으니!

성 제롬 / 불편한 관계가 된 그의 숙모에게 보낸 편지 중에서

베브가 해야 할 일은 무엇인가?

베브(Bev)와 수잔(Susan)은 오랫동안 친한 친구사이였다. 그들의 집은 두 블럭 사이에 있었고, 지난 20년 동안 줄곧 한 교회에 다녔다. 그리고 4년 동안 그 교회에서 어머니 성경공부 모임을 함께 인도해왔다. 남편들은 같이 낚시하러 다니기를 즐겼고, 두 집 딸들은 며칠 사이를 두고 태어났다. 그들은 한 주에도 여러 번 전화를 주고받을 만큼 친하게 지냈다.

그런데, 최근 들어, 그들의 우정에 문제가 생겼다. 베브는 수잔이 교회에서 다른 부인들에게 자신에 대해 좋지 않은 말을 하는 것 같다는 의심이 생겼다. 가뜩이나 베브는 수잔이 수다쟁이 성향이 있다고 생각하고 있었던 터라 의심은 더욱 커져만 갔다. 그래서 울며 기도하며 고심한 끝에 그녀를 찾아 갔다. 정말 이렇게까지 하고 싶지 않았지만, 자기를 놓고 뒷담화를 했다는 생각에 만나지 않고는 견딜 수가 없었다. 얘기를 하면 수잔도 자기 잘못을 인정할 것이라 믿었다.

그러나 베브의 예상은 빗나갔다. 커피를 마시며 얘기를 하는 도중, 수잔이 불쑥 화를 내는 것이었다. 그녀는 상기된 채 큰 소리로 "베브, 너 너무 예민한 거 아니니? 다른 사람들도 니가 지나치게 예민하다고 얘기하더라. 알고 있니?"라는 말까지 쏟아냈다. 베브가 누가 그런 말을 하느냐고 되묻자 수잔은 말할 수 없다고 했다. 잔뜩 속이 상한 베브는 이삼 일을 뜬 눈으로 밤을 새우고 나서 남편과 함께 교회 장로님 한 분을 찾아 갔다.

베브는 마태복음 18장 15-17절에 그리스도인은 죄를 범한 사람을 우선 개인적으로 은밀하게 상대하라고 하신 주님 말씀이 떠올랐다. 그리고 만약 당사자가 말을 듣지 않으면, 피해를 입은 사람이 한두 사람을 더 데리고 가야한다는 것도 알고 있었다. 그래서 베브는 남편과 함께 그 장로에게 같이 수잔에게 가자고 했다. 그 장로는 잠자코 베브의 말을 듣더니, 그녀에게 이 문제를 두고 기도해보겠다고 했다.

며칠 후, 그 장로에게 전화가 왔다. 그는 "이 문제를 내버려두는 것이 낫겠습니다"라고 하는 것이 아닌가! 그러면서 "사랑은 허다한 죄를 덮는다"(벧전 4:8)는 말을 덧붙였다. 이런 경우, 베브가 이 문제를 다음 단계로 끌고 갈 필요가 없으며, 만일 이 불화가 더 번지면 교회의 많은 젊은 그리스도인들이 상처받게 될 것이라고 경고했다. 그리고 이 사건이 이미 교인들에게 좋지 않은 영향을 끼치고 있음을 베브에게 상기시키면서 불화가 해소되지 않은 채 그대로 남게 된다면 많은 사람들이 상처를 입을 수 있다고 했다.

그래서 베브와 그녀의 남편은 그 문제를 일단 미루기로 했다. 그러나 이미 관계는 틀어졌고 베브의 상처는 깊었다. 베브와 수잔은 서로 되도록이면 부딪치지 않으려고 애썼고, 어쩔 수 없이 연락해야 할 때는 되도록 공적인 얘기만 했다.

잠깐!

더 나아가기 전에, 다음 질문에 답해보라. 베브가 이 문제를 정상적으로 처리하고 있다고 생각하는가? 베브가 할 일은 무엇이었을까?

    a. 일단 수잔의 집으로 찾아가서 그녀를 껴안아 준다.
    b. 사랑한다는 쪽지를 쓰고, 그 밑에 수잔이 답변할 여백을 남겨 둔다.
    c. 그녀와 거리를 두고 말을 하지 않는다.
    d. 기타

이상의 질문에 답한 후, 계속 읽어 나가라.

그러던 중, 비극적인 사건이 발생했다. 베브는 수잔의 외동딸 레이첼이 교통사고로 즉사했다는 소식을 다른 사람을 통해 알게 되었다. 전화를 받은 베브는 온 몸이 천근만근 무겁게 느껴졌다. 의자에 털썩 주저앉아 흐느꼈다. 레이첼은 너무나 사랑스러운 아이였다. 레이첼이 태어났을 때, 병원에서 갓난 아이를 안았던 일이 선명하게 떠올랐다. 베브는 레이첼의 성장과정을 쭉 지켜 봐왔었다. 이 슬픔을 수잔이 어떻게 감당할 수 있을지 베브는 도저히 상상할 수 없었다. 그리고 베브는 수잔에게 닥친 이 처절한 상황에서 무엇을 해야 할지 도무지 생각이 나질 않았다.

이제, 다시 같은 질문에 답해 보라. 베브가 할 일은 무엇이겠는가?

    a. 일단 수잔의 집으로 찾아가서 그녀를 껴안아 준다.
    b. 사랑한다는 쪽지를 쓰고, 그 밑에 수잔이 답변할 여백을 남겨 둔다.
    c. 그녀와 거리를 두고 말을 하지 않는다.
    d. 기타

예수님의 경고를 들어보라.

이 상황을 기억하면서, 마태복음 18장의 예수님 말씀을 읽어 보라. 전후 문맥으로 보아 이 장은 천국에서 누가 큰 자인가에 대한 제자들의 논쟁이 벌어졌을 때임을 기억하라. 여기서 예수님은 다시금 자기를 따르는 자들에게 서로를 어떻게 대하며 서로의 의견 차이를 어떻게 극복해야 하는지 가르치셨다.

> 또 누구든지 내 이름으로 이런 어린 아이 하나를 영접하면 곧 나를 영접함이니, 누구든지 나를 믿는 이 작은 자 중 하나를 실족하게 하면 차라리 연자 맷돌이 그 목에 달려서 깊은 바다에 빠뜨려지는 것이 나으니라. 실족하게 하는 일들이 있음으로 말미암아 세상에 화가 있도다 실족하게 하는 일이 없을 수는 없으나 실족하게 하는 그 사람에게는 화가 있도. 만일 네 손이나 네 발이 너를 범죄하게 하거든 찍어 내버리라 장애인이나 다리 저는 자로 영생에 들어가는 것이 두 손과 두 발을 가지고 영원한 불에 던져지는 것보다 나으니라. 만일 네 눈이 너를 범죄하게 하거든 빼어 내버리라 한 눈으로 영생에 들어가는 것이 두 눈을 가지고 지옥 불에 던져지는 것보다 나으니라. 삼가 이 작은 자 중의 하나도 업신여기지 말라 너희에게 말하노니 그들의 천사들이 하늘에서 하늘에 계신 내 아버지의 얼굴을 항상 뵈옵느니라 (마 18:5-10).

예수님은 혹독할 만큼 심한 말씀으로 제자들에게 다른 사람을 실족시키지 말 것을 단단히 경고하셨다. 예수님은 이 점을 여러 다른 방식으로 강조하셨다. "사람을 죄짓게 하는 일 때문에 세상에 화가 있다. 범죄의 유혹이 없을 수는 없으나, 유혹하는 사람에게는 화가 있다"(7절, 표준새번역). 여기서 '유혹'이라 번역된 단어는 영어의 '스캔들'(scandal)이란 단어에서 유래한 희랍어다. 이는 "올바른 행동이나 믿음에 역행하는 일련의 상황"을 의미한다. 때문에 예수님은 다른 사람을 믿음에서 떠나게 만들 수 있는 모든 일을 경계하신 것이다.

이에 덧붙여서, 예수님은 이 작은 자 중 하나도 "업신여기지" 말라고 말씀하셨다(10절). 여기서 "업신여기다"로 번역된 이 말은 "부족하다거나 관심 가질만한 가치가 없는 것으로 생각하다"는 뜻이다. 이는 다른 사람을 죄에 빠지게 만드는 유혹에 우리가 연루됐다면 우리가 그들을 업신여긴 것이라는 의미를 내포한다. 교회 안에서 어떤 사람을 업신여기는 일이 있다는 사실을 인정하는 사람은 많지 않다. 그러나 실제적으로는 사람들을 실족시키는 분쟁에 끼어드는 일은 종종 있다. 그렇지 않은가? 교회나 가정에서 당신이 다른 식구를 실족시킨 적이 있음을 기억하는가? 이 같은 일을 삼가라고 말씀하시는 예수님의 절박한 경고가 그림처럼 눈에 생생하다.

- 예수님은 이 같은 실수를 피하기 위해서 눈이라도 빼어버리라는 말씀을 하신다. 너무 심한 말씀인 것 같나? 아니라면 무슨 말씀을 기대하는가?
- 예수님은 제자들에게 다른 사람을 믿음에서 떠나게 하지 않기 위해서는 손이라도 잘라 버리라고 말씀하신다. 당신 손 하나를 잘라 버린다고 상상해 보라. 물론 그렇다고 예수님께서 우리를 불구로 만드시겠다는 말씀이 아니다. 그러나 우리가 다른 사람을 실족시킬 바에야 차라리 극단적이고 결정적인 행동이라도 취해야 한다는 의미다.

예수님은 지독하고 매몰찬 분이 아니셨다. 오히려 되도록이면 진지하게 경고하려 하셨다. 그래서 제자들이 정말 다른 사람을 넘어지게 만드는 분쟁에 가담한다면, 지옥이 그들을 기다리고 있을지 모른다는 생각을 하라고 경계하신 것이다. 그러나 주님은 분쟁해결이 사람을 구원하는 것이라고 말씀하신 것이 아니다. 진심으로 믿음을 가진 사람이라면, 그리스도의 몸에 이런 류의 손상은 초래하지 말아야 한다는 말씀을 하신 것이다. 이 일이 지금 절박하다는 것을 알라. 파국까지 기다리지 말라.

따라서 우리는 늘 상황의 정당성과 시급성을 파악해서 대인관계에서의 의견대립을 긴급히 해결해야 한다. 예수님은 항상 문제의 긴급성을 인식해야 함을 가르치신 것이다. 우리가 분쟁을 바로바로 해결하지 못한다면, 다른 사람을 실족시킬 가능성이 있기 때문에, 우리가 그 책임을 떠맡아야 하지만 사실은 그렇게 하길 원치 않는 것이다. 그렇게 될 바에야 차라리 우리 눈을 빼어버리거나, 손을 잘라버리거나, 아니면 발목에 닻을 매서 배 옆에 감아올리는 것이 낫다고 생각하는 것이다. 성경 다른 부분에서 예수님의 교훈을 찾아보자.

> 그러므로 예물을 제단에 드리려다가 거기서 네 형제에게 원망들을 만한 일이 있는 것이 생각나거든 예물을 제단 앞에 두고 먼저 가서 형제와 화목하고 그 후에 와서 예물을 드리라 너를 고발하는 자와 함께 길에 있을 때에 급히 사화하라 그 고발하는 자가 너를 재판관에게 내어 주고 재판관이 옥리에게 내어 주어 옥에 가둘까 염려하라 (마 5:23-25).

베브의 결심에 예수님의 교훈을 적용하라.

예수님의 근엄한 경고를 가슴에 새기고, 이 장 서두에서 소개했던 실례로 돌아가 보자. 당신은 베브가 할 일이 무엇이라 생각하는가? 이 시나리오를 몇몇 사람에게 들려 줬다. 처음 이 얘기를 꺼낸 때는 수잔의 딸이 사고를 당하기 전이었고, 두 번째는 그녀의 딸이 사망한 후였다.

수잔의 딸이 사고로 즉사한 후, 두 번째 질문에 대해 사람들은 한결같이 "베브는 슬픔을 당한 친구를 찾아가야 한다"고 답했다. 한 사람은 "그녀는 일단 수잔의 집에 가서 그녀를 안아준 뒤, 자신이 그녀를 얼마나 사랑하는지를 말해주어야 해요. 슬플 때 곁에 있어 줘야죠"라고 대답했다. 베브가 수잔을 찾아가야 한다고 사람들이 주저 없이 말하는 이유는, 교통사고라는 비극이 상황을 보는 시각을 바꾸어 놓았기 때문이다. 누군가 딸을 잃었을 때, 험담 따위는 전혀 중요한 문제가 못된다. 또 어떤 사람은, "수잔을 꼬옥 안아주고, 자신이 도와 줄 일이 없느냐고 물어야죠. 지금은 평상시가 아니잖아요"고 답했다. 그러나 마태복음 18장의 핵심은 이와 다르다. 베브는 수잔이 당한 비극 앞에서 그녀와 동일한 절박감을 느껴야한다는 것이다. 우선 그녀는 수잔을 찾아가 위로해주면서 분쟁을 해결해야 한다.

여기서 요지는, 거의 모든 사람은 관계가 불편해진 친구가 자녀를 잃었다면, 서둘러 다가가야 한다는 것이다. 이와 같은 비극 앞에서 사소한 다툼은 아무 것도 아니기 때문이다. 비참한 일을 당했을 때, 그

것이 가볍든 심하든 마음이 상했다고 사랑을 가로막을 수는 없는 일이다.

이 말씀에서, 예수님은 우리가 연루된 사건이 어떻든 그 중요성을 하나님의 심판과 비교해보라고 촉구하신다. 누군가 당신에게 무례하게 행하면 마음이 상하게 된다. 그러나 그것 때문에 물의를 일으키면서까지 하나님의 심판을 자초한다고 생각하면, 마음 상한 게 뭐 그리 대수겠는가? 처음에 별 문제 아닌 것을 가지고 다른 사람에게 걸림돌이 되느니 차라리 당신 목에 연자 맷돌을 매달고 바다 속에 빠지는 것이 더 낫다는 말이다.

하지만 수잔이 딸을 잃기 전의 상황이라면, 베브에게 그녀를 찾아가 보라고 요구하는 것에 대해 당신은 이의를 제기할지도 모른다. 첫째 이유는, 베브는 안아주려는데 수잔이 받아들이지 않을 가능성이 있다는 것이다. 현실적으로 그럴 수도 있다. 그러나 베브로서는 그가 할 수 있는 모든 것을 일단 시도해보는 것이다. 수잔과의 마지막 대화에서 베브는 수잔이 험담한 일에 대해 그녀를 비난했다. 왜 그냥 사랑을 표현하고 껴안아 주기를 시도조차 하지 않는가?

어쩌면 당신이 "글쎄요, 수잔은 회개하지 않았잖아요. 그리고 험담을 한건 맞잖아요"라고 반응할 지도 모른다. 그게 사실일 수도 있다. 그러나 성경에서는 지혜가 우리에게 인내심을 주며(잠 19:11) 또한 사랑은 허다한 죄를 덮는다(벧전 4:8)고 말한다. 이처럼 대면해야 할 때와 말아야 할 때를 분별하는 통찰력에 대해서는 10장에서 자세히 설명하겠다.

그러나 이 경우는, 베브가 이 문제를 내버려뒀어야 한다는 확실한 증거가 있다. 베브가 한 장로의 도움을 청했을 때, 그가 지금은 사랑으로 문제를 덮을 때라고 권면했음이 기억나는가? 그 장로는 베브에게 "지나치게 민감하다"는 근본적인 충고를 한 것이다. 그런데도 베브는 그 문제를 계속 끌고 갔다. 이 예에서 보면, "베브와 수잔은 서로를 피했고 어쩔 수 없이 연락을 해야 할 때도 되도록 공적인 얘기만 했다." 사랑으로 문제를 덮지도 못했고 쌍방이 문제를 간과하지도 않은 것이 분명하다. 심지어 장로는 그만 두라고 권면했는데도 베브는 문제에 집착했다.

게다가 그 장로는 "불화가 지속된다면, 교회의 여러 청년들이 상처를 받게 될 것"이라고 경고했다. 놀랄 일이 아닌 것이 베브와 수잔은 지난 4년 동안이나 함께 성경공부를 인도했었기 때문에, 그들의 불화는 청년들에게 쉽게 노출될 수 있다.

여기서 만일 베브가 마태복음 18장 5-9절의 예수님의 경고를 정말 명심했다면, 그 말씀은 그녀를 두렵게 했을 것이다. 교회의 다른 사람들을 실족시킬 수 있다는 가능성은 수잔이 딸의 죽음이라는 비극을 당하기 훨씬 전에 충분히 베브로 하여금 속히 갈등을 해결하도록 동기를 부여했어야 했다. 수잔과 상대하지 않았기 때문에 베브는 잠정적으로 많은 물의를 일으켰던 것이다. 물론 그녀가 원했던 일은 아니지만, 이는 그녀가 감당해야 할 책임이다. 눈을 빼어버리거나 손을 잘라버리거나, 아니면 자신을 닻줄로 묶어 배 옆에 던지는 일이 차라리 그녀에게 나았을 것이다.

행동하라

　당신은 어떤가? 당신의 삶 속에도 다른 사람을 실족케 한 경우가 있는가? 당신의 결혼생활에 어떤 갈등이 있을지 모르겠다. 배우자가 저지른 어떤 일 때문에 당신은 지금 그에게 분을 품고 있을 수도 있다. 그리고 문제를 해결하기보단 그것을 마음에 담아둔 채 보복하고 싶은 생각이 들 수도 있다. 그러나 당신이 갈등을 하루하루 끌수록 가족들이나 주변 사람들을 실족시킨다는 것을 깨달아야한다. 그 파장을 책임질 수 있겠는가? 그러니 가능한 한 속히 갈등을 해결하기 위한 적극적인 행동을 취하라!

　또 교회에서는 어떤가? 아직 해소되지 않은 갈등이 남아 있는가? 비록 당신의 입장이 옳을 수도 있으나 그 갈등을 계속 안고 있음으로 사람들을 실족케 할 수 있다는 생각은 들지 않는가? 예수님은 당신에게 "책임을 면하기 위해 결정적이고 획기적인 행동을 취하라. 너로인해 누군가가 믿음의 길에서 떠난다면, 차라리 큰 돌덩어리를 네 목에 매고 바다에 빠지는 것이 나으니라"고 말씀하신다. 다음 세 구절에서 예수님은 제자들에게 절박감을 깨닫도록 계속해서 권면하셨다.

> 　너희 생각에는 어떠하냐 만일 어떤 사람이 양 백 마리가 있는데 그 중의 하나가 길을 잃었으면 그 아흔아홉 마리를 산에 두고 가서 길 잃은 양을 찾지 않겠느냐 진실로 너희에게 이르노니 만일 찾으면 길을 잃지 아니한 아흔아홉 마리보다 이것을 더 기뻐하리라 이와 같이 이 작은 자 중의 하나라도 잃는 것은 하늘에 계신 너희 아버

지의 뜻이 아니니라(마 18:12-14).

천국잔치의 주인공이 되고 싶은가? 그렇다면 지금 당신과 깨어진 관계에 있거나, 아니면 다른 사람과의 관계로 인해 고통받고 방황하고 있는 사람을 급히 찾아 나서라. 내가 청소년기 때 가장 좋아했던 이야기 하나는 '케이트 셸리'라는 15세 소녀에 관한 이야기였다. 기차가 유일한 교통수단이었던 시절에, 아이오와 주 분(Boone)근교에서 일어난 실화다. 1881년 7월, 천둥 번개와 함께 사나운 폭풍우가 몰아치던 날이었다. 급격히 불어난 강물이 범람해서 기차가 지나다니는 다리가 순식간에 잠기고 말았다. 얼마 후면 이 다리를 통과해야 할 야간 특급열차를 멈출 유일한 방법은 그 기차가 앞서 통과할 또 하나의 다리를 케이트 셸리가 쏟아지는 폭우를 뚫고 속히 건너가 이 사실을 알리는 길 뿐이었다. 물론 기차가 도착하기 전에 셸리가 그 다리를 다 건너지 못하면 그녀는 죽게 되는 상황이다. 그런데 빗발치는 폭우 속에서 길고 좁은 철길 다리를 건너는 일은 보통일이 아니었다. 강을 건너는 도중, 손전등 전원이 나가 버렸고, 하는 수 없이 남은 거리를 손으로 더듬어 가며 엎드려 기어 갈 수밖에 없었다. 하지만 그녀는 필사적으로 다리를 건너 결국 그 기차를 멈추게 했다. 케이트의 절박감이 많은 생명을 구한 것이다.

이 실화는 절박한 위기의식을 느낄 때, 무엇을 해야 하는지를 보여준다. 비록 15세의 소녀였지만 케이트 셸리는 홍수에 휩쓸려 무너진 다리를 향해 달려오는 열차를 멈추기 위해서라면 무엇이든 해야 한다고 판단했던 것이다. 나는 이 이야기를 들을 때마다 나라면 과연 그렇게 할 수 있었을지 사실 자신이 없었다. 기차를 구하기 위해 과연 폭풍우를 뚫고 기어서 다리를 건널 수 있을까? 물론 살아가면서 이런 식으로 영웅심을 보여야 할 극단적인 상황은 드물 것이다. 그러나 그리스도 공동체 안에서 우리는 갈등을 멈추게 해야 할 비상사태를 만날 수는 있으리라!

이 책을 집필하면서 나는 특별히 많은 기도를 드렸다. 이 책이 독자들의 삶에 어떻게 활용될지를 상상하며, 언젠가 누군가로부터 격려가 되었다는 말을 듣게 될 날을 그려본다. 그러면서 여러 차례 이런 기도를 드렸다.

하나님 아버지, 관계가 깨어지고 용서가 필요할 때, 모든 일이 꼬여 복잡하게만 느껴진다는 것을 저 역시 잘 알고 있습니다. 그러나 하나님, 화해는 일초도 미룰 수 없다는 것을 누군가는 당신의 말씀을 통해 깨닫게 되기를 간구합니다. 주님, 어느 날 이 책을 읽다 말고 급히 누군가를 찾아가서 껴안아 주었다는 사람을 만나게 되길 소원합니다. 한 번의 포옹으로 즉시 모든 갈등이 해결되는 것은 아닐지라도, 갈등을 안고 살아가기에는 인생이 너무 짧고 절박하다는 것을 깨닫게 하옵소서.

주님, 이 책이 불화의 조짐이 있는 교회를 굳게 세워가는 데 사용되기를 주님의 이름으로 간구합니다. 주님, 이 책이 '작은 자' 하나라도 실족케 해서 그 책임을 져야 하는 일이 없도록 누군가를 돕는 데 사용되게 하옵소서. 아멘.

결론

마태복음 18장 4-14절에서 예수님은 절박한 심정으로 갈등을 해결해야 한다고 가르치셨다. 그리스도인은 다른 형제나 자매가 믿음에서 떠나게 되는 결과를 초래하지 않도록 과감한 조치를 취해야 한다. 큰 위기를 당했을 때와 같은 절박감으로 그리스도인들은 서로를 사랑해야 한다. 설사 완전하게 해결할 수 있다고 당신은 느끼지 못할지라도, 갈등을 해결하기 위해 당신이 부름 받을 때가 있을 수 있다. 절박감을 가지고 시도하라. 다른 사람들에게 미칠 부정적인 결과를 무시하면서 갈등을 계속 끌고가려는 이들은 자신의 영혼에 심각한 문제가 있음을 깨달아야 하리라!

이 장 전체 내용에 대해 이의가 있을지 모르겠다. "이 문제만큼은 도저히 그대로 내버려 둘 수 없습니다" 하는 문제들이 있는가? 그럼에도 답은 '절대로 그럴 수 없다' 는 것이다. 다음 장은 내버려 둘 수 있는 문제와 그럴 수 없는 문제를 선별하는 데 도움이 될 것이다.

토론을 위한 질문

* 마태복음 18장 6-10절에서 예수님은 무엇을 경고하셨는가?
* 이 경고를 위해 예수님은 어떤 생생한 묘사를 하셨는가?
* 왜 대부분의 사람들이 화해하려고 하면서도 갈등의 해결을 미루는가? 이 장은 베브와 수잔이라는 가공인물의 갈등으로 시작된다. 이 예에서 둘 사이의 갈등을 초월해서 화해하도록 결심하게 만든 동기는 무엇인가?
* 빌레몬서를 읽어보라. 이 서신은 초대교회가 어떻게 갈등을 해결하기 위해 노력했는지를 보여준다. 오네시모는 도망친 노예로 바울이 감옥에서 그리스도에게 인도한 자이다. 바울은 빌레몬이 오네시모의 전 주인이란 사실을 알았을 때, 그와 화해시키기 위해 오네시모을 빌레몬에게 보낸다. 오늘 빌레몬서라 불리는 이 편지는 오네시모가 직접 가지고 간 것이다. 바울은 빌레몬이 오네시모를 용서하고 서로 화해하기 위해 어떻게 권했는가? 당신이 누군가를 용서해야 할 그 상황이 이보다 더 절박한가?

제8장
그냥 지나쳐 버려야 할까?

노하기를 더디 하는 것이 사람의 슬기요 허물을 용서하는 것이
자기의 영광이니라

(잠 19:11) .

구약성경에서 나타나는 용서에 관한 모든 사건들은 생사가 걸린 문제다. 이 이야기들을 기록한 성경의 저자들은 인생의 미미한 위기에는 신경 쓸 가치조차 느끼지 못한 것 같다.

데이빗 라이머

슬프고도 기막힌 이야기

복잡하게 꼬여버린 일들이 대개 그렇듯이, 그 시작은 의외로 별 것 아니었다. 어느 날 밤, 데니스 오브린은 한 식당에 들어섰다. 친구들을 찾고 있던 중이었는데 그들을 발견하고는 됐다 싶어서 뒤돌아 나갔다. 그 때, 지배인이 나가는 그를 불러 세웠다. 보아하니 식당 카운터에서 손님들의 음식 주문내역을 확인하기 위해 발급해준 계산서를 오브린이 어디 두었는지 찾지 못한 일이 얼마 전에 있었던 모양이다. 식당 지배인은 오브린에게 계산서 분실료 5불을 청구했다. 거기서 끝낼 수 있었던 일이었으나 그렇지가 않았다. 오브린은 분실료를 낼 수도 있었으나 그렇게 하지 않았고, 그 지배인 또한 그냥 보내 줄 수도 있었으나 그리하지 않은 것이다. 그 후, 다툼은 악화되어 10년이라는 세월 동안 두 개의 주, 두 나라 사이를 오가며 두 번의 맞고소를 포함한 일련의 고소가 이어졌다. 식당은 폐업했으나 미납된 계산서 분실료 5불은 그 사이 16만 5천불로 불어났다.

1980년 2월 29일, 당시 버지니아 대학원에서 약학을 전공하던 오브린은 먹은 것도 마신 것도 없는데 돈을 내라니 이는 권리침해라며 큰 소리로 항의했다. 결국 그는 경찰에 의해 식당에서 체포되어, 구치소에 수감까지 되었다. 그런데, 그 곳 치안관이 구속영장 발급을 거부함으로써 오브린은 풀려났다. 그의 주장이 치안관에 의해 정당화된 것으로 생각하고 그 선에서 오브린은 사건을 끝낼 수 있었으련만. 도리어 그는 식당에 서면 사과를 요구하는 등, 소송하겠다며 으름장을 놓았던 것이다. 이 사건은 또 다른 결말을 초래할 수 있다는 판결문과 함께 여러 가지 사유로 오브린의 소송은 기각됐다. 그러나 식당 주인은 오브린이 다른 주로 이사 간 후, 다시 고소해버렸다. 하지만 오브린은 법정에 출두하지 못했고, 배심원은 식당에 손해배상금 6만 불을 지불하라고 판정했다. 담당 검사는 이 황당한 사건을 보며 오브린은 본인 탓을 해야한다고 말했다. "지금까지 그가 한 일이라고는 재판관에게 와서 그 이야기를 들려준 것뿐이다. 그는 소송이 걸렸다는 사실을 알고 있었지만, 자신이 그 도시에 있다는 사실을 아무에게도 알리지 않았다. 그는 스스로 매우 지혜롭게 처신하리라 단정했던 것으로 추정된다."

오브린이 배상금을 지불하지 않자 검사는 그를 추적하여 매사추세츠 법정에 다시 세웠다. 1984년 오브린이 본국을 떠나 뉴질랜드로 갈 때까지도 그 사건은 끝나지 않았다. 작년 10월 뉴질랜드에서의 어느 저녁, 한 검찰청 직원이 오브린의 집 현관에 나타났다. 그가 내민 판정서에는 현재 학원 의약학 강사인 오브린이 미납된 배상금 6만불과 그 이자를 지불해야 한다고 적혀 있었다. 그리고 그 사건은 이제 뉴질랜드 법정에서 심의 중이라고 한다.

믿어지는 일인가? 한 패기만만한 대학원생이 5불짜리 계산서 건을 말끔히 처리하겠다고 시작한 일이다. 그리고 그는 자신의 정당성을 입증하기 위해 끝까지 고집했기 때문에 꼬리표처럼 붙어 다니는 16만 5천 불짜리의 짐을 지고 지구 반대편으로 도망가는 신세가 된 것이다. 얄궂게도 긴 세월동안 그 잃어버렸다던 한 장의 계산서가 자기 옷 주머니 속에 들어 있었다는 사실을 오브린은 뒤늦게 발견했다. 그 기사를 읽으면서 내가 그 자리에 있었다가 "여기 5불 제가 지불해 드리지요"라고 할 수 있었더라면 얼마나 좋았을까 하는 생각을 했다. 그랬더라도 물론, 오브린은 거절했을 것이다. 그는 자신이 옳다는 것을 증명하는 데만 몰두해 있었기 때문이다.

이 기막힌 이야기에 고개가 설레설레 저어지지만, 그러나 "그것이 원칙이다"는 이유 때문에, 우리 대부분도 문제를 끝까지 고집한 적이 있었음을 인정하지 않을 수 없다. 뒤돌아보면 참으로 어리석었음을 고백해야 할 것이다. 처음에는 그리 중요한 일이 아니었다. 여기서 잠깐 생각해보라. 결혼생활이나 친구관계에서 그냥 지나쳤어야 할 일을 당신이 크게 만든 적은 없었는가? 이는 우리에게 중요한 진리를 일깨워준다. 일어나는 갈등마다 교과서처럼 원리대로 해결할 필요는 없다. 어떤 상처나 무례함은 그냥 지나칠 필요가 있다. 어떤 때는 상대방에게 가서, "나 너 때문에 기분 나빴어"라는 말을 해야 할 때도 있다. 이런 경우에 대해서는 다음 장에서 다루기로 한다. 그러나 문제를 그냥 지나쳐 버려야 할 때도 있는 것이다. 그래서 "다투는 시작은 둑에서 물이 새는 것 같은즉 싸움이 일어나기 전에 시비를 그칠 것이니라"는 잠언 17장 14절의 말씀은 우리에게 경각심을 심어준다.

유진 피터슨은 메시지(The Message, 유진 피터슨이 직접 번역한 현대어성경-역자주)에서, "다툼의 시작은 물이 새는 댐의 틈새와 같다. 그러므로 터지기 전에 그치라"고 부연 설명한다. 다툼을 시작하는 것은 댐 아래서 폭약을 가지고 노는 것과 같다. 조심하지 않으면 댐이 터질 수 있고, 그 후에는 천군만마를 동원한들 수습할 방법이 없을 것이다. 다툼을 시작하는 것은 물이 들어 있는 컵을 내던지는 것과 같다. 한번 쏟아진 물은 쓸어담을 수 없다. 여기에 비슷한 구절들을 적어 둔다.

- 노하기를 더디 하는 것이 사람의 슬기요 허물을 용서하는 것이 자기의 영광이니라(잠 19:11).
- 미련한 자는 당장 분노를 나타내거니와 슬기로운 자는 수욕을 참느니라(잠 12:16).
- 다툼을 멀리 하는 것이 사람에게 영광이거늘 미련한 자마

다 다툼을 일으키느니라(잠 20:3).
- 무엇보다도 열심으로 서로 사랑할지니 사랑은 허다한 죄를 덮느니라(벧전 4:8).

지나쳐 버릴 것인가 말 것인가?

이런 문제로 지금 당신이 혼란스러워 하는지 모르겠다. 앞에서 줄곧 용서란 두 당사자 사이에서 발생하는 일이며, 자동적인 용서가 되어서는 안 된다고 강조해왔다. 다음 장에서 갈등해결의 단계를 요약하기로 하겠다. 당연히 당신은 문제에 직면해야 할 때와 무시해야 할 때를 어떻게 알 수 있는지 궁금해 할 것이다. 그 답은 지혜와 분별의 문제다. 따라서 피해를 입었을 때마다 일일이 문제 삼을 필요가 있는지 여부를 슬기롭게 결정해야 한다. 그 결정은 당신만이 할 수 있는 일이다. 그러나 당신의 결정에 도움이 될 아래 질문들을 참고하여 진단해보기 바란다.

1. 문제에 직면하기 전에 자신을 성찰해보라.

"비판을 받지 아니하려거든 비판하지 말라"는 마태복음 7장 1절은 누구나 다 잘 아는 말씀이다. 심지어는 불신자들도 이 구절을 인용한다. 유감스럽게도, 대부분의 사람들은 이 구절을 근거로 다른 사람의 영적 상태에 대해 어떤 개입이나 분별도 하지 말아야 한다고 말한다.

분명히 말하는데 예수님의 의도는 그게 아니다. 뒤이어 6절에서 예수님은 "거룩한 것을 개에게 주지 말며 너희 진주를 돼지 앞에 던지지 말라 그들이 그것을 발로 밟고 돌이켜 너희를 찢어 상하게 할까 염려하라"고 경계하셨다. 이 구절을 실천하려면 개와 돼지에 해당되는 상징적 의미가 무엇인지를 판단할 수 있어야 한다. 예수님은 판단이나 평가하는 일 자체를 단적으로 경고하신 것이 아니다. 도리어 다른 사람을 판단하기 전에 먼저 자신의 삶을 살펴야 한다는 것이다. 주님은 우리에게 자신의 큰 결점은 간과하면서 남의 작은 문제를 들춰내는 잘못을 지적하신 것이다.

> 어찌하여 형제의 눈 속에 있는 티는 보고 네 눈 속에 있는 들보는 깨닫지 못하느냐 보라 네 눈 속에 들보가 있는데 어찌하여 형제에게 말하기를 나로 네 눈 속에 있는 티를 빼게 하라 하겠느냐 외식하는 자여 먼저 네 눈 속에서 들보를 빼어라 그 후에야 밝히 보고 형제의 눈 속에서 티를 빼리라 (마 7:3-5).

상처나 피해를 입었을 때, 당신이 제일 먼저 해야 할 일은 기도하는 마음으로 자신을 성찰하는 일이다. 이는 수고와 세심한 사고를 요한다. 자신의 생각을 스스로 잘 안다고 추정하지 말라. 잠언 16장 2절은 "사람의 행위가 자기 보기에는 모두 깨끗하여도 여호와는 심령을 감찰하시느니라"고 말씀하신다. 우리는 자신에게는 결점이 없다고 믿으며 스스로를 속일 때가 있다. 그러나 하나님은 중심을 아신다. 진리의 거울에 우리를 비추어볼 때 민감해지며, 공동체 안에서 굳건해지고 비로소 자신을 바로 이해하기 시작한다. 따라서, 당신이 상처를 입었다면, 제일 먼저 할 일은 기도하는 심정으로 자신의 삶을 살펴보는 것이다. 이렇게 할 때, 많은 경우에 문제를 지나쳐 버릴 결심을 할 마음이 생길 것이다.

2. 문제에 직면하기 전에 자신이 옳다는 것을 어떻게 확신할 수 있는지 자문해 보라.

대부분의 경우, 두 당사자 간의 갈등은 매우 복잡하다. 단순한 상처의 문제인데도 옳고 그름이 선명하게 드러나지 않을 수 있다. 약속에 늦었다고 상대방이 퉁명스럽게 대해서 마음이 상했을 수도 있고, 또는 상대방이 너무 직선적이라서 문제가 될 수도 있겠다. 이처럼 옳고 그름이 분명치 않은 경우에는 지나쳐 버리는 게 상책이다. "사랑은 허다한 죄를 덮느니라"(벧전 4:8)는 말씀처럼 지혜로운 사람은 참을 줄 안다.

이런 경우에 대비해서 두 가지 점에 유의할 필요가 있다. 첫째, 다른 사람의 삶에 정말 죄가 있는데, 그 사람과 앞으로도 계속 상대해야 한다면, 상처가 또 다시 생길 수 있다. 그러니 좀더 시간을 가지고 말할 필요가 있다. 둘째, 만일 당신이 자신은 항상 옳다고 생각하는 사람이라면, 당신에게 '교만의 문제'가 있는 것이다.

3. 문제에 직면하기 전에 "이 문제가 얼마나 중요한가?"를 생각해보라.

성찬식에 사용하던 기존의 떡 대신 요즘 많은 교회에서는 간단히 다른 식품으로 대체하고 있다. 네모난 과자나 작은 떡 조각, 아니면 덩어리 빵을 돌아가면서 조금씩 떼어 먹는 등, 그 종류가 다양해졌다. 개인적으로 나는 성찬을 과자로 대체하는 것이 썩 내키지 않는다. 그러나 성도들 중에는 과자와 같은 성찬용 제병을 좋아하는 사람들도 있다. 이는 준비가 편리하기 때문이기도 하다. 그러던 어느 날 회의에서 성찬용 빵을 어느 것으로 할지를 결정하기 위한 시식회가 열렸고, 많은 사람들이 과자류를 선택했다. 그래서 나는 그 의견에 따르기로 했다.

당신은 내가 지금 무슨 말을 하려는지 이해하리라. 성찬식에 어떤 것을 사용해야 하는지에 대한 내 취향이야 따로 있지만, 그것은 중요한 사항이 아니기에 전혀 문제 될게 없었다. 만약 당신의 갈등 원인이 장기적인 안목에서 볼 때, 그리 중요한 것이 아니라면 그 문제를 무시하라. 그 문제를 두고 다툼을 시작하지 말라. 만일 당신이 자신은 항상 옳다고 생각하는 사람이라면, 당신에게 '교만의 문제'가 있는 것이라고 앞에서 지적한 바 있다. 혹은 모든 의견이 다 중요하다고 생각해서 어떤 결정도 하지 못하는 경우라면, 당신에게는 '민감성의 문제'가 있다고 본다. 이처럼 문제에 직면할 때마다 자신을 돌아보는 일은 매우 지혜로운 방법이다.

4. 문제에 직면하기 전에 "이 사람이 이런 유형의 행동을 보였나?" 물으라.

평소 친하던 사람이 당신에게 상처를 주었다면, 당신이 제일 먼저 해야 할 질문은 이것이 그 사람의 전형적인 모습인가 하는 것이다. 만일 그 행동이 그 사람의 성품과 전혀 맞지 않는다면, 당신은 그 문제를 무시해도 좋다. 당신이 상처 자체를 왜곡했거나 아니면 상대방의 의도를 잘못 받아들였을지 모르기 때문이다. 그러나 반대로 그 행동이 그 사람의 반복되는 일종의 유형이라면 그때에는 잘못을 지적해줄 필요가 있다.

5. 문제에 직면하기 전에 "지혜로운 사람이라면 이 문제에 대해 무슨 충고를 할까?" 자문해 보라.

실제로 이와 같은 필요를 느낀다면 지혜로운 충고를 구하라. 그러나 지혜로운 충고를 다른 사람에 대한 험담의 구실로 삼아서는 안 된다. 어쩌면 상대방이 그 상황을 이미 알고 있을 수도 있다. 그런 경우라면 문제에 직면해서 해결을 시도해야 하는지 아니면 그냥 지나쳐 버려야 좋은지를 상대방에게 물어보는 것도 좋은 방법이다. 예수님은 문제된 당사자를 두 번 만날 때에는 한두 사람의 증인을 동참하게 하라고 가르치셨다. 그들이 문제해결을 위한 지혜를 제공할 수도 있기 때문이리라. 이런 경우에도 사랑이 문제를 해결하려는 동기가 되어야 한다.

6. 문제에 직면하기 전에 상대방에게 개인적인 무슨 일이 있는지를 물어보라.

당신의 마음을 상하게 한 사람을 대면하기 전에, 그의 삶의 정황이 어떠한지 물어보라. 만일 다른 어떤 일로 그 사람이 엄청난 스트레스를 받고 있다면, 당신의 문제는 잊어버리는 것이 옳다. 마찬가지로, 당신 자신도 스트레스를 받고 있거나 몹시 지쳐 있다면, 평상시보다 더 예민해질 가능성이 있음을 감안해야 한다. 이 경우 "노하기를 더디 하는 것이 사람의 슬기요 허물을 용서하는 것이 자기의 영광이니라"(잠 19:11)는 말씀을 기억하라. 물론, 이것은 상황에 따라 적절하게 다루어야 할 문제다. 스트레스 때문에 대인관계에서 올바른 처신을 할 수 없다는 변명은 용납될 수 없다. 더욱이나 상대방이 스트레스를 받을 때마다 부정적인 반응을 보이는 버릇이 있다면 그때는 솔직하게 그 사실을 지적할 필요가 있다. 그것이 상대방으로 하여금 긍정적인 방법으로 스트레스를 해소하는 법을 배우는데 도움을 줄 수 있을 것이다. 그렇다 하더라도 상처를 둘러 싼 여러 정황을 고려해서 사랑으로 문제를 덮는 길을 선택하는 것이 가장 지혜로운 방법이다.

'지나쳐 버린다는 것'의 참된 의미

당신이 그 문제를 무시해버리기로 결심했다면, 그것에 대해 다른 말을 하지 말라. 만일 어떤 사람이 당신에게 상대방에 대한 불평을 한다면, 직접 당사자에게 가라고 권면하라. 말이 많은 사람을 되도록 피하라(잠 20:19). 별 문제 아니라는 반응을 보이거든 상대방을 직접 만나든지, 문제를 지나쳐 버리던지 두 가지 다 상기시키라. 험담이 없으면 다툼도 그친다(잠 26:20). 당신을 신뢰하는 어떤 사람이 와서 상대방이 듣지 않을 거라고 우기면, 두 번째 방문을 권하라(마 18:15-17).

결론

식당 청구서 한 장이 산더미 같은 빚으로 불어난 한 청년의 이야기로 이 장을 시작했다. 데니스 오브린은 한 가지를 증명하기 위해 끝까지 고집했고, 그 결과 그는 그의 일생을 5불짜리 다툼과 맞바꾼 신세가 됐다. 이는 처음부터 즉시 포기했어야 했다. 이 장에서 제시된 질문들 중 한 가지만 적용했어도 데니스 오브린을 구제할 수 있었을 것이다.

- 만일 데니스 오브린이 기도하는 마음으로 자신의 삶을 성찰했더라면, 그것이 집요하게 물고 늘어질 만큼 가치 있는 문제가 아님을 깨달았을 것이다.
- 그는 자신이 옳다는 것을 그처럼 강하게 확신하지 말았어야 했다. 결국, 그 술집 청구서는 그 긴 세월동안 본인 호주머니 속에 들어 있었던 것이다.

- 그것은 그리 중요한 문제가 아니었다. 고작 5불 때문에 생긴 일이라면 그냥 지나쳐 버릴 수도 있었을 것이다.
- 지혜로운 사람이라면 이 문제를 그냥 내버려 두라고 권했을 것이고, 또 그렇게 할 수 있었을 것이다.
- 사건의 내용으로 보아, 그 술집에는 그곳을 악용하려는 학생들을 다루는 어떤 규정이 있음을 오브린은 미리 알았어야 했다.

데니스 오브린의 이야기는 정말 믿기 어려울 만큼 기가 막힌다. 그러나 많은 사람들이 작은 불화가 큰 다툼으로 번지는 일을 극복하지 못하면서 고통의 삶을 살아간다. 당신은 어떤가? 문제를 그냥 지나쳐 버려야 할 때, 정당성을 입증하겠다고 고집하는 경우는 없는가? "노하기를 더디 하는 것이 사람의 슬기요 허물을 용서하는 것이 자기의 영광이니라"(잠 19:11).

토론을 위한 질문

- 잠언 17장 14절의 요점은 무엇인가?
- 당신이 입은 상처를 지나쳐 버릴 것인지의 여부로 고심할 때, 자신에게 물어야 하는 여섯 가지 질문은 무엇인가?
- 자신이 옳다고 항상 자신하는 사람은 무엇을 생각해야 하는가?
- 모든 상처는 꼭 해결되어야 한다고 생각하는 사람은 무엇을 고려해야 할까?
- 이 장에서 "지나쳐 버린다는 것"은 무슨 의미인가?
- 사무엘상 25장에 나오는 다윗과 나발과 아비가일의 이야기를 읽어보라. 아비가일의 행동은 잠언 17장 14절과 어떤 관련이 있는가? 아비가일은 구체적으로 무슨 경고를 하는가? (30-31절).
- 당신은 지나치다 싶을 만큼 끈질기게 맞서려는 성향이 있는가 아니면 그 반대인가?

제 9 장
용서, 어떻게 시작해야 할까?

그러므로 예물을 제단에 드리려다가 거기서
네 형제에게 원망들을 만한 일이 있는 것이
생각나거든 예물을 제단 앞에 두고 먼저 가서 형제와
화목하고 그 후에 와서 예물을 드리라

(마 5:23-24).

앞 장에서 우리는, 모든 상처에 다 대면해야 하는 것은 아니라는 것을 배웠다. 어떤 문제는 지나쳐 버리면서 사랑으로 덮는 것이 최선일 때가 있다. 그렇다고 해서 상처를 모두 다 간과할 수 있는 것은 아니다. 그렇다면 예수님께서는 상처 입은 사람이 어떻게 해야 한다고 말씀하셨는가?

네 형제가 죄를 범하거든 가서 너와 그 사람과만 상대하여 권고하라 만일 들으면 네가 네 형제를 얻은 것이요 만일 듣지 않거든 한두 사람을 데리고 가서 두세 증인의 입으로 말마다 확증하게 하라 만일 그들의 말도 듣지 않거든 교회에 말하고 교회의 말도 듣지 않거든 이방인과 세리와 같이 여기라 진실로 너희에게 이르노니

> 무엇이든지 너희가 땅에서 매면 하늘에서도 매일 것이요 무엇이든지 땅에서 풀면 하늘에서도 풀리리라 진실로 다시 너희에게 이르노니 너희 중의 두 사람이 땅에서 합심하여 무엇이든지 구하면 하늘에 계신 내 아버지께서 그들을 위하여 이루게 하시리라 두세 사람이 내 이름으로 모인 곳에는 나도 그들 중에 있느니라 (마 18:15-20).

예수님은 위의 말씀에서 교회가 취해야 할 단계를 제시해 주신다. 또한 예수님은 분쟁 중인 그리스도인들을 어떻게 훈계해야 하는지에 대해서도 말씀하셨다. 이 방법들은 단지 교회 내에서뿐만 아니라 다른 인간관계에도 마찬가지다. 그렇다면 상처를 입었을 때 구체적으로 무엇을 해야 하는지 살펴보자.

첫째, 가라

예수님은 먼저 "가라"고 말씀하신다. 초조해 하지 말고 속 끓이지도 말라. 간과할 문제가 아니라고 일단 결정했으면 자신을 먼저 돌아본 후(마 7:1-5), 가서 문제를 처리하는 것이다. 그렇다고 예수님은 상처 입은 사람이 상대방에게 어떻게 다가가야 할지를 자세히 말씀하지는 않으신다. 이를 위해서는 융통성이 필요하고, 상황에 따라 분별해야 하기 때문이다. 심각한 문제가 아니라면 전화로도 가능할 것이다. 반대로, 정확한 시간 약속을 하고 직접 만나서 이야기할 필요도 있을 것이다. 즉 당신이 상처를 입었고 묵과할 문제가 아니라면, 가능한 한 속히 당사자와 접촉해야 한다는 것이다. "가라"는 권고는 물론 가해자에게도 해당된다! 그래서 마태복음 5장에서 예수님은 문제를 해결하기 위해서는 상처를 준 당사자가 먼저 다가가야 한다고 말씀하신다.

> 그러므로 예물을 제단에 드리려다가 거기서 네 형제에게 원망 들을 만한 일이 있는 것이 생각나거든 예물을 제단 앞에 두고 먼저 가서 형제와 화목하고 그 후에 와서 예물을 드리라 (23-24절).

훈계할 책임은 비단 우리가 직접 상처를 입은 경우에만 해당되지 않는다. 누가복음 17장 3절에서 예수님은 다음과 같이 말씀하셨다.

> 너희는 스스로 조심하라 만일 네 형제가 죄를 범하거든 경고하고 회개하거든 용서하라 만일 하루에 일곱 번이라도 네게 죄를 짓고 일곱 번 네게 돌아와 내가 회개하노라 하거든 너는 용서하라 하시더라

어떤 형제가 죄를 범하면, 상처 입은 당사자가 아니라 하더라도 사랑으로 그 사람을 대면할 책임이 우리에게도 있다. 제삼자가 죄를 범한 사람을 대면한다는 것은 서양 문화의 정서와 사고방식에는 맞지 않는다. 개인주의가 발달한 서양에서는 다른 사람의 과실에 대해 직접 상처를 받지 않은 한, 관여하는 것을 옳지 않다고 가르친다. 그러나 이는 예수님의 가르침이 아니다. 잠언 27장 5-6절은 이렇게 기록

한다.
> 면책은 숨은 사랑보다 나으니라 친구의 아픈 책망은 충직으로 말미암는 것이나 원수의 잦은 입맞춤은 거짓에서 난 것이니라

　이번에는 한 쪽이 직접 상처 받은 경우를 생각해 보자. 이 경우 용서는 근본적으로 감정이 아니라는 점을 강조하고 싶다. 만일, 용서가 한 개인이 자신의 감정으로 처리할 일이라면, 마태복음 18장 15-20절은 필요치 않았을 것이다. 믿는 자가 혼자 은밀하게 용서하면 될 일이기 때문이다. 그러나 예수님께서는 용서는 두 사람 사이에서 일어나는 일이라고 가르치셨다. 용서는 상징적인 악수다. 당신 혼자는 악수를 할 수 없다. 따라서 용서가 이루어지기 위해서는 당신이 상처를 준 사람에게 다가가서 손을 내밀고, 또한 상대방도 당신이 내민 손을 맞잡도록 기도해야 할 것이다.

　불행하게도, 이 말씀에 따르는 사람이 많지 않다. 그보다는 많은 사람들이 역기능적인 방법들로 갈등을 처리한다. 그 중 첫 번째는 성질을 내면서 가해자와 격렬한 말다툼을 하게 되는 경우다. 그렇게 되면 당연히 갈등은 점점 증폭되면서 나중에는 둘 다 곤경에 처하게 된다. 두 번째 방법은, 전적으로 피하는 것이다. 이런 식의 회피는 두 사람 사이에 경계선을 긋게 되고, 결국 서로가 거리를 유지하게 된다. 이들은 서로를 피하게 되고 대신 다른 사람들이 끼어들게 된다. 그러면 서로의 체면을 생각해서 끼어든 이들이 갈등을 대충 묻어 버린다. 이들은 성경적인 방법으로 갈등을 다루면서 해결하려는 노력은 전혀 시도

하지 않는다. 자신의 실수에 대한 책임의식과 진정한 회개가 없는 것이다. 그러니 진정한 용서도 있을 리 만무하다. 그 결과 다음과 같은 비극적인 상황이 발생하게 된다.

어렸을 적에 아버지는 내가 다른 가족들을 만나지 못하게 하셨다. 내가 5살 때 부모님이 이혼하셨는데, 아버지는 내가 엄마를 만나서는 안 된다고 생각하셨다. 그래서 만일 내가 엄마를 만나려고 하면, 아버지께서는 앞으로 나와 말을 하지 않을 것이며, 그때부터는 엄마하고 살아야 한다고 분명하게 말씀하셨다. 여섯 살 때는 "앞으로 나는 엄마랑은 절대 연락하고 싶지 않아요"라는 말을 편지에 쓰라고까지 강요하셨다. 그래서 나는 지난 20년 동안이나 엄마를 보지 못했다. 그리고 아버지의 형제자매들, 그러니까 삼촌과 고모들을 만나는 일조차도 일체 허락되지 않았고, 때문에 지금도 나는 그분들이 누군지 모른다. 할머니 할아버지가 돌아가셨을 때도 장례식에 참석하지 못하게 하셨다. 나는 친가 쪽 식구들을 만나본 일이 없을 뿐만 아니라, 내가 왜 그분들을 만나면 안 되는지 이렇다 할 설명을 한 번도 들어 본 적이 없다. 내가 기억하는 것은 가족들의 오랜 반목으로 인해 어린 나는 선택의 여지도 없이 서로 헤어져 살아야만 했다는 것이다. 그러다가 20년 후, 아버지가 돌아가시고 나서야 나는 어머니를 만날 수 있었다. 그러나 우리 모자관계는 지나온 세월만큼이나 상처투성이였다. 그 여파가 얼마나 심했던지 아직도 나는 다른 가족들의 이름조차 잘 모른다.

"그건 너무 심했어. 그렇게까지 하진 말았어야했네." 당신은 아마 이렇게 말할지 모르겠다. 그렇다면 당신은 일을 확대하는 편인가? 아니면 적당히 덮어 버리는 편인가? 가족 안에서 갈등이 생겼을 때, 당신은 그것을 올바르게 해결하는가? 아니면 처음에만 발끈했다가 그냥 묻어 버리는가?

범위를 축소시키라.

앞에서 이미 설명한대로, 상처를 받게 되면 우리는 자동적으로 상처를 준 그 사람에게 항의하고 싶은 강한 충동을 느낀다. 그렇지만 우리는 자신이 지나치게 예민한 건 아닌지 다른 사람의 생각을 들어볼 필요도 있을 것이다. 또 다른 사람에게, "유독 나만 이런 식으로 상처받는 것은 아닌지?"묻고 싶을 수도 있을 것이다. 본래 사람은 정의감 때문에(롬 2:14-15), 자신이 부당한 취급을 받았다고 믿을 때에는, 당연히 자신을 방어하려 한다. 그렇다하더라도 불필요하게 다른 사람들을 끌어들이는 일은 없도록 모든 노력을 기울여야 한다. 그래서 예수님은 "네 형제가 죄를 범하거든 가서 너와 그 사람과만 상대하여"(마 18:15하)라고 말씀하시면서 이 점을 분명히 하셨다.

우리는 종종 예수님의 교훈을 따르지 않으면서 불필요하게 다른 사람들을 끌어들여 우정에 손상을 입게 되고 또 교회를 분열시키기도 한다. 아래의 잠언말씀을 묵상해보라.

- "패역한 자는 다툼을 일으키고 말쟁이는 친한 벗을 이간하느니라"(잠 16:18). 이처럼 다른 사람들에게 쉽게 말을 퍼뜨리게 되면 우정을 손상시키게 된다.

- "나무가 다하면 불이 꺼지고 말쟁이가 없어지면 다툼이 쉬느니라"(잠 26:20). 갈등을 조용히 처리하지 못하면 대개 다툼을 지속시키는 기름을 공급하는 꼴이 된다. 이것은 사람들이 원치 않는 일이다.

- "남의 말하기를 좋아하는 자의 말은 별식과 같아서 뱃속 깊은 데로 내려가느니라"(잠 18:8). 남의 험담을 듣는 일은 마치 사탕을 먹는 것처럼 달콤하다. 자신이 실세에 속하는 듯해서 기분이 좋은 것 같이 느껴지지만 사실 험담은 우리의 영적 상태에 폐해를 끼치며 인성에도 악영향을 준다.

- 마지막으로, "너는 이웃과 다투거든 변론만 하고 남의 은밀한 일은 누설하지 말라 듣는 자가 너를 꾸짖을 터이요 또 네게 대한 악평이 네게서 떠나지 아니할까 두려우니라"(잠 25:9-10).

이처럼 다툼의 범위를 축소시키라고 강조하신 예수님의 말씀은 다른 사람의 말을 들을 때도 마찬가지임을 유념해야 한다. 어떤 사람이 자신이 받은 부당한 취급에 대해 불평할 때, 당신이 제일 먼저 물어야 할 질문은 상처를 준 사람을 찾아갔었느냐는 것이다. 대개는 판에 박힌 듯 한 변명들을 한다.

- "그녀는 내 말을 듣지 않아요."
- "전혀 도움이 안돼요."

- "그렇게 큰 문제가 아닌데요."

이런 변명들을 수용하지 말라. 당신에게 말하는 것이 중요하다면, 관련된 사람들에게도 중요하다. 예수님은 도움이 되리라 생각할 때만 가라고 말씀하지 않으셨다. 상관없이 우리는 가야한다.

너그럽게 대하라.

상처에 관한 두 번째 지침은 상대방을 너그럽게 대하는 것이다. 너그럽게 대한다는 것은 용서는 선물이라는 사실을 알려주면서 상대방에게 용서의 대가를 지불하라고 요구하지 않겠다는 의미다. 상대방이 당신에게 용서해달라고 빌지 않도록 하라. 주님께서는 "여러분은 서로 너그럽고 따뜻하게 대해 주며 하느님께서 그리스도를 통해서 여러분을 용서하신 것처럼 서로 용서하십시오"(엡 4:32, 공동번역)라고 말씀하셨다! 그리스도인은 상처에 대한 대가를 자신이 부담하는 것으로 생각한다. 그렇다. 당신이 그리스도인이라면, 다른 사람이 당신에게 어떤 상처를 입혔던지 간에 당신이 하나님께 끼친 상처에 비하면 당신의 상처는 아무것도 아니라는 사실을 기억하라. 상대방이 "미안합니다"라고 말하면, 손을 내밀어 "당신을 용서합니다"라고 말하라.

추호도 복수하지 말라.

대부분의 사람들은 복수가 잘못이라는 것을 안다하면서도 자신의 과오를 먼저 인정하려 하지 않는다. 그러면서 어떤 방식으로든 상처를 준 사람이 자신에게 보상해주길 바란다. 따라서 우리는 거친 언어나 냉정한 태도로 우리를 아프게 한 사람에게 앙갚음하고 싶은 유혹을 뿌리쳐야 한다. 11장에서 복수에 관해 좀 더 설명할 것이므로 여기서는 당신에게 상처를 준 사람에게 어떤 형태로든 복수하지 말라는 말로 끝내겠다.

우선 들으라, 그리고 용서를 구할 준비를 하라.

모든 갈등에는 복잡한 상황들이 뒤섞여 있기 때문에 용서란 일방적이거나 단순할 수 없다. 따라서 당신에게 상처를 준 사람에게 접근하기 좋은 방법은 "최근에 우리가 나눈 대화로 인해 제 마음이 많이 상해 있었어요. 그게 영 제 마음에서 떠나질 않더라구요. 혹 제가 댁의 기분을 언짢게 한 일은 없었나요?"라고 먼저 묻는 것이다. 그런 다음에 그의 말을 들어보라. 겸손하라. 반발하지 말고 침착하라. 그리고 필요하면 간단하게 용서를 구하라. 다시 말하는데, 흥분하지 말라. 상대방과 대면하는 자리에서 나갈 때, 당신이 몰랐던 어떤 실수가 밝혀진다 하더라도 그것을 인정하고 사과할 준비를 미리 하고 있어야 한다.

상대방의 말을 믿으라.

상대방의 마음속 동기를 굳이 분석하려고 애쓰지 말라. "미안합니다"라고 말하면, 그대로 받아들이라. "모든 것을 참으며 모든 것을 믿으며 모든 것을 바라며 모든 것을 견디느니라"(고전 13:7).

시간과 장소를 세심하게 선택하라.

잠언에서 "이른 아침에 큰 소리로 자기 이웃을 축복하면 도리어 저주 같이 여기게 되리라"(27:14)는 말씀을 읽을 때마다 마치 미소를 머금은 채 꾸짖는 듯한 기분을 느끼게 된다. 우리 대부분은 새벽 5시에 '당신은 훌륭한 사람'이라고 말해 주는 그런 전화를 받고 싶어 하지 않는다. 긍정적인 대화일지라도 타이밍이 중요하다. 그렇거든 하물며 꾸짖을 때야 어떻겠는가! 다른 사람과 당신의 상처에 대해 이야기할 때에는 시간과 장소 선택에 극히 신경을 써야 한다. 그래야만 쌍방이 긴장하지 않은 채 편안한 대화를 할 수 있다.

어휘를 주의 깊게 선택하라.

상처를 준 상대방과의 대화에는 어휘선택이 중요하다. 그래서 할 말을 미리 써보면서 연습하는 것도 바람직한 일이다.

- 왜 당신이 그 사람에 대해 고마워하는지 분명하게 말하라.
- 어떻게 당신의 마음이 상했었는지 설명하라.
- '항상'이라든지 '절대, 결코'와 같은 단정적인 언어를 피하라.
- 불쾌감이나 감상적인 인상을 주지 않도록 하라.
- 당신이 상대방에게 어떻게 상처를 주었는지 조심스럽게 물어보라.

- 당신이 진심으로 회개했다는 것을 상대방에게 확신시키라. 당신의 행동을 후회할 뿐 아니라 앞으로 잘할 것임을 밝혀라.
- '만일, 그러나, 아마' 같은 변명조의 어휘를 피하라. "만일 제가 당신의 마음을 상하게 하는 일을 했다면…", "그렇게 말해서 미안해요, 그러나 당신이 건드렸기 때문에 자제할 수가 없었거든요" 이런 식의 변명은 전혀 도움이 되지 않는다.
- 막연하지 않게 구체적으로 표현하라. "제가 당신의 마음을 어떻게 상하게 했던지 간에 용서해주세요"라고 말하지 말라. 당신이 정말 회개했다면, 그것을 자세히 밝혀라. "무슨 일을 했는지 모르지만, 미안해요"라는 말 대신, "제가 고무망치로 당신의 차창을 두드려 놀라게 해서 미안해요"라고 구체적으로 말하라.

이처럼 언어를 주의 깊게 선택하는 일은 다른 사람에게 용서를 구할 때 중요한 영향을 끼친다.

인내하라 그리고 진지하게 기대하라.

당신이 상처를 받은 쪽이라면 당신은 몇 날, 몇 주 아니 몇 달 동안은 그 상처에 대해 생각했을 것이다. 그러나 상대방은 그 일에 대해 별 생각을 안 했을 수도 있다. 당신이 상처받았다는 사실 자체를 그는 전혀 모를 수도 있는 것이다. 상대방이 기도하는 마음으로 당신이 받은 상처를 되짚어 볼 수 있도록, 그리고 다시 당신에게 말할 수 있도록 기회를 주라.

그러나 당신이 기대했던 바와는 달리, 상대방이 잘못을 기꺼이 인정하지 않을 경우라도 그 만남을 굳이 실패의 신호라고 단정할 필요는 없다. 당신은 그리스도의 말씀에 순종한 것이다. 예수님은 항상 상대방이 회개할 것이라고 약속하지 않으셨다. 만일 상대방이 "당신이 너무 예민하신 거라고 생각하는데요"라는 식으로 말한다면, "그럴 수도 있겠지요. 그러나 저는 이 일을 바르게 시정해 보려는 겁니다. 제가 드리고 싶은 말씀은 이 문제를 두고 좀 더 기도해 주십사는 것이며, 저도 그렇게 하겠습니다"라고 응대하라. 그리고는 다음 단계까지 충분한 시간을 갖도록 하라.

두 번째, 필요하다면 한 두 사람을 개입시켜라.

대개는, 직접 관련된 쌍방이 불화를 조용히 해결할 수 있어야 한다. 그러나 그것이 항상 가능한 것은 아님을 예수님은 이미 아셨다.

> 만일 듣지 않거든 한두 사람을 데리고 가서 두세 증인의 입으로 말마다 확증하게 하라 (마 18:16).

당신이 다른 사람과의 불화를 해결할 수 없다면, 한두 사람을 개입시키라고 예수님은 말씀하셨다. 문제에 대해 명쾌하게 사고할 수 있는 지혜로운 사람을 찾으라. 같은 교회에 다니는 두 사람 사이에서 생긴 갈등이라면, 그 교회 지도자들 중에서 찾아야 할 것이다. 누구에게 부탁할지 결정한 후에는, 어떻게 그 불화가 시작되고 파급되었는지 자초지종을 가능한 한 공정하게 설명하라. 제삼자의 보다 객관적인 충고에 순복할 것을 다짐하고 가해자를 만나는 일에 동행해 줄 것을 부탁하라. 성경의 말씀대로 "다른 한두 사람"이면 족하다. 필요 이상 많은 사람을 관련시키는 일은 갈등을 더 악화시킬 우려가 있다.

동행한 한 두 사람이 첫째 할 일은 이 문제를 더 끌고 갈 것인지를 결정하는 일이다. 당신이 부탁한 쪽이라면, 그들의 제안에 비중을 두라. 자초지종을 설명하고 나서 그들이 그 문제를 그대로 내버려두라고 말할 때에는 그 말을 따르고 못마땅해 하지 말라. "이 모든 것 위에 사랑을 더하라 이는 온전하게 매는 띠니라 "(골 3:14). "사랑은 허다한 죄를 덮느니라"(벧전 4:8하; 잠 19:11 참조).

그러나 그들이 상대방을 대면하라고 권면하면 지혜롭고 온유하게 대처하라. "유순한 대답은 분노를 쉬게 하여도 과격한 말은 노를 격동하느니라"(잠 15:1). 마태복음 18장 1-4절에서 예수님이 하시는 말씀을 다시 읽어보라. 당신이 다른 사람의 잘못을 지적하려면, 겸허하게 다가가라. 가해자와 얘기하기 전에 무릎 꿇고 두 손 모아 겸손하게 해달라고 기도하라. 당신이 전폭적으로 의지해야 할 분은 하나님이심을 인정하라. 당신과 상대방의 신앙을 비교하는 것은 에베레스트 산 앞에서 개미 새끼 두 마리 중 한 마리가 자기가 더 크다고 으스대는 것과 같음을 기억하라. 위대하신 분은 오직 하나님뿐이시다.

급히 가라.

　마태복음 18장 5-14절의 예수님의 경고를 두려운 마음으로 읽으라. 문제가 다른 그리스도인들을 실족시키는 갈등으로 번지는 것을 당신은 원치 않을 것이다. 문제를 속히 해결할 수 있도록 기도하라. 그리고 "송사에서는 먼저 온 사람의 말이 바른 것 같으나 그의 상대자가 와서 밝히느니라"라는 잠언 18장 17절의 말씀에 유념하도록 하라.

　상대방의 말을 듣기 전에는 당신이 상황에 대한 모든 사실을 안다고 가정하지 말라.

　다른 사람의 입장이나 말을 들음으로써 그 사건에 대해 새로운 안목을 갖게 된다는 것이 얼마나 놀라운 일인지 모른다. 다른 사람의 얘기를 듣는 것은 상황을 새로운 시각으로 볼 수 있게 한다. 내 동생이 총각 때 있었던 일인데, 그는 지난 번 큰 누나한테 전화를 했는데 누나가 반가워하지 않았다면서 마음이 상해 있었다. 얼마 후, 누나와 통화할 일이 있었는데 그녀는 "얘, 며칠 전 데니가 글쎄, 한 밤중에 전화를 했지 뭐니"라고 말했다. 누나가 반가워하지 않은 것은 한 밤중이었기 때문이라는 것을 동생은 눈치 채지 못한 것이다. 누나의 말을 듣고 나니 한 밤중에 급하지도 않은 전화를 받았으니 누나가 반가워하지 않은 이유가 이해가 되었다(잠 27:14).

　이상과 같이, 1단계에서 주어진 각 지침들을 복습해 보자. 이 지침들은 현재에도 적용된다.

- 범위를 좁히라. 되도록 많은 사람에게 말하지 말라.
- 너그럽게 대하라. "너희 말을 항상 은혜 가운데서 소금으로 맛을 냄과 같이 하라 그리하면 각 사람에게 마땅히 대답할 것을 알리라"(골 4:6).
- 추호도 복수하지 말라.
- 우선 들으라, 그리고 용서를 구할 마음의 준비를 하라. 당신과 동행한 한두 사람 중 한 사람이라도 놀라게 될지 모른다. 이 때 당신이 인정해야 할 것이 있을 수도 있다.
- 상대방의 말을 수용하라. 동기를 분석하려고 애쓰지 말라.
- 시간과 장소를 세심하게 선택하라(잠 27:14).
- 어휘를 주의 깊게 선택하라. 잠언 25:11은, "경우에 합당한 말은 아로새긴 은 쟁반에 금 사과니라"고 말씀한다. 합당한 방법으로 합당한 말을 하도록 지혜와 분별력을 달라고 기도하라.
- 인내하라, 그리고 진지하게 기대하라.

셋째, 타당하면 교회의 징계를 따르라.

한두 사람이 개입한 후에도 가해자가 회개치 않는다면, 어떻게 해야 하는가? 상대방이 같은 교회 교인이 아니라면, 아마 그 갈등은 해결될 수 없을지 모른다. 그런 경우 회개치 않는 사람을 어떻게 다룰 것인지는 뒤에 나오는 설명을 참고하기 바란다.

그러나 상대방이 한 교회 교인이라면 교회의 공식적인 징계를 따르는 것이 타당할 것이다. 예수님은 말씀하셨다.

> 만일 그들의 말도 듣지 않거든 교회에 말하고 교회의 말도 듣지 않거든 이방인과 세리와 같이 여기라 진실로 너희에게 이르노니 무엇이든지 너희가 땅에서 매면 하늘에서도 매일 것이요 무엇이든지 땅에서 풀면 하늘에서도 풀리리라 진실로 다시 너희에게 이르노니 너희 중의 두 사람이 땅에서 합심하여 무엇이든지 구하면 하늘에 계신 내 아버지께서 그들을 위하여 이루게 하시리라 두세 사람이 내 이름으로 모인 곳에는 나도 그들 중에 있느니라 그 때에 베드로가 나아와 이르되 주여 형제가 내게 죄를 범하면 몇 번이나 용서하여 주리이까 일곱 번까지 하오리이까 (마 18:17-21).

그런데 문제는 징계에 대한 예수님의 가르침을 교회마다 다른 방식으로 적용하고 있다는 것이다. 그러나 가장 중요한 것은 교회 지도자들이 모든 성도에게 당사자가 회개하도록 기도를 요청하는 일이다. 교인들만 참석한 모임에서 목회자는 이런 내용으로 말할 수 있을 것이다.

론을 위해 기도해 주실 것을 성도님들께 당부합니다. 사업상 거래에서 부정한 일이 있었습니다. 당사자를 만나 보았습니다. 그 후, 장로님 두 분이 관여하셨고 그가 부정한 사실을 확인했습니다만 그는 자신의 행동을 시정하려 하지 않습니다. 성도님들께서 그를 위해 계속 기도해 주시기를 부탁드립니다.

어느 정도 시간이 지난 후에도 당사자가 여전히 회개하지 않으면, 그는 "이방인과 세리"같이 취급되어야 한다. 이는 그의 교인자격을 박탈하는 것이며 더 이상 그 교회의 지체가 될 수 없음을 의미한다. 그렇다고 교회 성도들이 더 이상 그에게 다가갈 수 없다는 의미는 아니다. 성도들이 그를 무시하거나 연락을 하지 말아야 한다는 말도 아니다. 도리어 성도들은 그가 회개하도록 기도해야하며, 교회로 돌아오기를 기다리다가, 돌아올 때는 기쁜 마음으로 맞아 들여야 할 것이다.

물론, 예수님은 개교회가 어떤 사람을 교회에서 제명한다는 일이 고통스럽고 힘든 결정이리라는 것을 아셨다. 그러므로 이어서 이렇게 말씀하신다. "진실로 너희에게 이르노니 무엇이든지 너희가 땅에서 매면 하늘에서도 매일 것이요 무엇이든지 땅에서 풀면 하늘에서도 풀리리라"(18절).

이 약속은 하나님이 얼마나 지역교회를 사용하시기 원하시는지를 보여 주는 귀한 말씀이다. 예수님 말씀의 핵심은 지역교회의 결정은 따라야 하는 것이며 하늘에서 이를 승인한다는 것이다. 하나님은 지역교회가 교인의 자격 여부를 결정하도록 권한을 인정하신 것이다.

그러므로 지역교회가 교인의 신분박탈을 진지하게 결정했다면, 그 결정은 하나님의 인정과 승인 아래 시행되는 것으로 보아야 한다.

예수님은 이 말씀을 이렇게 이어 가신다. "진실로 다시 너희에게 이르노니 너희 중에 두 사람이 땅에서 합심하여 무엇이든지 구하면 하늘에 계신 내 아버지께서 그들을 위하여 이루게 하시리라 두 세 사람이 내 이름으로 모인 곳에는 나도 그들 중에 있느니라"(마 18:19-20). "두 세 사람이 내 이름으로 모인 곳에는 나도 그들 중에 있느니라"는 예수님의 이 약속은 성경에서 가장 왜곡되는 부분이다. 흔히 사람들은 이 구절을 소그룹 예배를 정당화하는 신학인 것처럼 인용한다. 성령이 그의 백성들과 항상 함께하시는 것은 사실이지만, 이 문맥에서 예수님의 요지는 그가 인정하시는 교회의 징계야말로 누구 한 사람의 단독 결정에 의해서가 아니라 두세 사람 이상의 다수 교인들의 기도와 결정에 의해 결정되어야 함을 말씀하신 것이다.

마태복음 18장 말씀에 순종하라고 권하면, 혹자는 "도저히 불가능한 일이다"라고 이의를 제기한다. 그러면서 교회의 징계가 너무 가혹하다고, 또 우리들의 정서에도 맞지 않는다는 것이다. 또는 개인적인 판단에서 "그녀는 결코 듣지 않을 거예요"라며 단정해버린다. 이런 태도는 두 가지 면에서 잘못되었는데, 첫째는 우리의 생각과는 상관없이 우리는 예수님의 가르침에 순종해야 하기 때문이다. 그러므로 정당한 방법으로 결정된 교회의 징계는 주님의 뜻이기 때문에 "그렇게 될 수 없다"는 반론은 잘못된 것이다. 이것이 바로 하나님께서 그의 백성들과의 관계는 물론, 사람과 사람 사이의 관계를 회복시킬 때 사용하시는 방법이다. 하나님의 은혜는 이런 과정을 통해서 역사한다. 교회가 징계를 이행하는 것은 냉혹한 일이 아니다. 정작 냉혹한 것은 당사자들을 만나보지도 않은 채, 사람들로 하여금 가혹한 선택을 하도록 방치하는 일이다. 이에 대해 디트리히 본회퍼는 "다른 사람이 죄를 범하도록 방치하는 너그러움보다 더 가혹한 일은 없다. 형제가 죄의 길에서 돌아서게 책망하는 것보다 더 너그러운 일은 없다"고 날카롭게 지적했다.

나의 목회 여정에서 가장 보람 있었던 순간 역시, 한 여성도가 전교인 앞에서 교회의 징계를 통해 자신이 하나님의 말씀을 따르게 되었다면서 교회의 결정에 대해 감사하다고 간증했을 때였다. 최근에 그녀는 그 일을 자신의 삶 가운데 가장 의미 있는 영적 사건으로 생각한다고 내게 말했다.

예화

얼마 전, 우리교회 사역 설명회를 기획하면서 몇몇 사람에게 부서를 소개하고 홍보하도록 부탁한 일이 있었다. 그래서 각 부서에서 한 사람씩 대표를 정해 이삼 분씩 주일 아침예배 시간에 발표하는 시간을 주기로 구체적인 계획을 세웠다. 이는 현재 우리교회 내에서 진행되는 여러 사역에 대해 전 교인들에게 알려주려는 뜻에서 시작한 일이다. 모든 준비는 계획대로 잘 진행되고 있었다. 그런데 나의 실수로

각 사역부서 발표자 명단에서 한 사람의 이름을 빠뜨렸다. 그것은 의도적인 것이 아니라 순전히 실수였다. 마치 배우자의 생일을 어쩌다 잊어버린 경우와 같이. 그런데 답답한 것은 "내가 그 사람의 이름을 깜빡하고 빠트렸다"는 말을 설명할 길이 없었다. 얼마 후 그 부서의 장로님 한 분이 그 명단 누락으로 인해 상처를 입었다는 사실을 알게 된 나는 곧, 그 장로님과 이야기할 기회를 마련했다. "장로님과 이야기를 하고 싶습니다"라고 내가 말하자 "실은 저도 말씀 나누기를 원했습니다"라고 그가 대답했다. 이 점에서 우리는 둘 다 하나님께 영광을 돌리고 있다는 데 주목하라. 나는 마태복음 5장 23-24절 말씀에 따라 옳은 일을 하고 있었고 장로님은 마태복음 18장 15절 말씀대로 올바른 일을 하고 있었던 것이다.

나는 조심스럽게 말하면서 용서를 구했고 장로님은 그 명단 누락이 의도적인 것이 아님을 확인하기를 원했다. 내가 그 사실을 확인시켜 주자 부서 지도자들이 나를 용서해주었고 그 문제는 거기서 끝났다. 감사하게도 그 후 이 일에 대해서는 더 이상 말이 없었다.

이것이 예수님이 말씀하신바 마땅히 이루어져야하는 용서 방법이다. 진정한 용서를 위해 만약 우리가 예수님의 공식(公式)대로 행하지 않았더라면 어떻게 됐을까 생각하니 몸서리가 쳐진다.

결론

그리스도인이 갈등 해결을 위해 어떻게 접근해야하는지 간략하게 요약해 보자.

- 겸손하라. 성경적인 겸손은 자신을 온전히 하나님께 의존해야 할 존재로 간주하는 것이다. 겸손으로 성장하는 유일한 길은 삼위일체 하나님의 위대하심에 자신을 몰입시키는 것이다.
- 갈등을 피하고 해결하는 것을 절박한 일로 여기라. 갈등 때문에 다른 사람을 실족시키거나 믿음에서 떠나게 하는 일을 두려워해야 한다.
- 문제를 지나쳐 버려야 할 때를 알라(잠 19:11). 먼저 당신 눈에 들보를 제거했는지 확인하라(마 7:1-5).
- 예수님의 행동지침을 따르라.
- 첫째, 가능하면 갈등을 은밀하게 해결하라. 가해자나 피해자 모두는 서로가 만나서 문제의 해결을 위해 노력해야 한다.
- 범위를 좁히라. 가능한 한 여러 사람에게 알리지 말라.
- 너그럽게 대하라. "너희 말을 항상 은혜 가운데서 소금으로 맛을 냄과 같이 하라 그리하면 각 사람에게 마땅히 대답할 것을 알리라(골 4:6).
- 추호도 복수하지 말라.

- 우선은 상대방의 말을 들어라. 그리고 용서를 구할 마음의 준비를 하라.
- 상대방의 말을 믿으라. 동기를 분석하려 애쓰지 말라.
- 시간과 장소를 세심하게 선택하라 (잠 27:14).
- 어휘를 주의 깊게 선별하라. 잠언 25장 11절은 "경우에 합당한 말은 아로새긴 은 쟁반에 금 사과니라"라고 기록하고 있다. 올바른 것을 올바른 방법으로 말할 수 있는 지혜와 분별력을 달라고 기도하라.
- 인내하며 진지하게 기대하라.
- 둘째, 필요하면 한 두 사람을 개입시키라.
- 셋째, 타당한 교회의 공식적인 징계를 따르라. 하나님은 교회의 징계 속에서, 징계를 통해서 은혜롭게 일하신다.

토론을 위한 질문

❖ 마태복음 18장 15-27절에서 예수님이 요약하신 삼 단계는 무엇인가?

❖ 이 장에서 제시한바, 직면을 위한 지침은 어떤 것들인가?

여기에 당신이 추가하고 싶은 지침은?

* 마태복음 18장 18절의 의미는 무엇인가? 이 구절이 문맥과 별개로 사용되는 경우를 본 적이 있는가?
* 마태복음 5장 23-24절에 의하면, 접촉을 시도할 책임은 상처를 받은 사람에게 있는가? 아니면 상처를 준 사람에게 있는가?
* 데살로니가후서 3장 8-15절을 읽으라. 이 말씀에서 말하는 죄는 무엇인가? 사도 바울은 데살로니가 사람들에게 죄를 어떻게 다루라고 교훈하는가?
* 이 장에서 제시된 원리를 적절하게 적용할 만한 어떤 상황을 알고 있는가?

제 10 장
용서하지 않겠다면 어떻게 해야 할까?

우리가 우리에게 죄 지은 자를 사하여 준 것 같이
우리 죄를 사하여 주시옵고… 너희가 사람의 잘못을 용서하면
너희 하늘 아버지께서도 너희 잘못을 용서하시려니와 너희가
사람의 잘못을 용서하지 아니하면 너희 아버지께서도
너희 잘못을 용서하지 아니하시리라

(마 6:12, 14-15).

지금까지 당신은 한 번도 사람을 용서해본 적이 없다. 당신은 사람을 무자비하게 판단했고 사람을 칭찬할 때는 절제하지 못했다.

앞으로는 이해심과 온유함을 조건적인 판단의 기초로 삼으라.

알렉산드라 솔제니친

두 개의 연관되는 질문을 생각해 보라.

- "나는 도저히 용서할 수 없습니다"라고 말하는 사람에게 당신은 무슨 말을 할 것인가?
- "나는 용서하지 않겠습니다"라고 말하는 사람에게 당신은 무슨 말을 할 것인가?

이 두 질문은 어떻게 보면 완전히 다른 질문이다. 용서하지 않겠다는 것은 의지의 문제이고 용서할 수 없다는 것은 능력의 문제다. 그러나 두 질문 다 용서하기까지는 갈 길이 멀다는 것을 암시해준다는 면에서는 비슷하다. 첫 질문이 암시하는 바는 상처의 심각성 때문에 용서는 제한적일 수밖에 없다. 두 번째 질문 역시 용서의 경계를 규명하는 것이다. "용서하지 않겠다"는 사람은 어떤 상처는 너무 심해서 그들은 용서받을 자격이 없다고 항변하는 것이다. 상처의 심각성 때문이든, 아니면 상처를 준 횟수 때문이든 간에 그 사람을 용서하지 않겠다는 것이다.

본장의 요지는, 용서할 수 없다거나 용서하지 않겠다는 사람은 예수님의 말씀에 의거해서 심각한 경고를 받아야 한다는 사실을 알리는 것이다. 사실, 예수님께서는 우리가 용서할 수 없다거나 또는 용서하지 않겠다고 버티는 경우에는 우리의 구원까지 의심해야 한다고 가르치셨다.

용서의 한계

마태복음 18장 21-25절에서 예수님은 용서의 한계에 관해 말씀하신다. 우리와 마찬가지로, 제자들 역시 용서를 몇 번이나 해야 하는지에 대한 의문이 생겼다. 그러자 베드로가 나서서 말한다.

> 그 때에 베드로가 나아와 이르되 주여 형제가 내게 죄를 범하면 몇 번이나 용서하여 주리이까 일곱 번까지 하오리이까 (21절).

베드로는 우리에게 죄를 범한 어떤 사람이 후에 용서를 구하면 우리는 기꺼이 용서해 주어야 한다는 사실을 인정했다. 그러나 몇 번이나 용서해 주어야 하는지에 대해서는 어떤 한계가 있어야 한다고 생각했던 것이다. 그래서 베드로가 "일곱 번까지라도 용서해야 합니까"라고 물었을 때 예수님께서는 "일곱 번뿐 아니라 일곱 번을 일흔 번까지라도 용서하라"고 말씀하셨다(마 18:22).

이 말씀의 핵심은 누군가를 490번까지 용서해야 한다는 뜻이 아니다. 예수님 말씀의 요지는 횟수와 상관없이 용서해야 한다는 것이다. 당신이 자녀들에게 이 말씀을 그대로 가르치게 되면 그들은 틀림없이 이렇게 물을 것이다. "그렇지만 상처가 정말 심한 경우에는 어떻게 해요?"라고 말이다. 이런 반론을 예상하신 예수님께서는 이 질문에 답하기 위해 한 비유를 드셨다.

용서하지 않는 종의 비유

> 그러므로 천국은 그 종들과 결산하려 하던 어떤 임금과 같으니 결산할 때에 만 달란트 빚진 자 하나를 데려오매 갚을 것이 없는지라 주인이 명하여 그 몸과 아내와 자식들과 모든 소유를 다 팔아 갚게 하라 하니 그 종이 엎드려 절하며 이르되 내게 참으소서 다 갚으리이다 하거늘 그 종의 주인이 불쌍히 여겨 놓아 보내며 그 빚을 탕감하여 주었더니 그 종이 나가서 자기에게 백 데나리온 빚진 동료 한 사람을 만나 붙들어 목을 잡고 이르되 빚을 갚으라 하매

그 동료가 엎드려 간구하여 이르되 나에게 참아 주소서 갚으리이다 하되 허락하지 아니하고 이에 가서 그가 빚을 갚도록 옥에 가두거늘 그 동료들이 그것을 보고 몹시 딱하게 여겨 주인에게 가서 그 일을 다 알리니 이에 주인이 그를 불러다가 말하되 악한 종아 네가 빌기에 내가 네 빚을 전부 탕감하여 주었거늘 내가 너를 불쌍히 여김과 같이 너도 네 동료를 불쌍히 여김이 마땅하지 아니하냐 하고 주인이 노하여 그 빚을 다 갚도록 그를 옥졸들에게 넘기니라 너희가 각각 마음으로부터 형제를 용서하지 아니하면 나의 하늘 아버지께서도 너희에게 이와 같이 하시리라 (마18:23-35).

이 비유에서 깊은 교훈을 얻기 위해서는 일단 내용을 바로 이해해야 한다. 누가 어떤 배역을 맡을지 마음에 그려보라. 이 비유에는 세 사람이 등장 한다. 첫째, 부자인 임금이 있어야 하는데 그에게는 재산이 아주 많다. 그래서 임금은 불쌍한 마음에 자발적으로 빚을 탕감해 준다. 그는 너그러운 사람이면서 동시에 정확하고 엄격한 사람임이 분명하다. 처음에는 임금이 심하게 나왔지만, 나중에는 종이 그 역할을 대신한다. 둘째로, 이 이야기에서는 실패자로 끝나는 인물이 필요한데, 이 사람은 본받지 말아야 할 사람이다. 이 사람은 구걸하는 일을 겁내지 않는 파렴치한 사람이다. 교활한 모사꾼을 상상해 보라. 그리고 세 번째 인물은 실수로 채무를 졌지만 열심히 일하는 평범한 사람이다. 이 배역은 굳이 유명한 사람이 할 역할이 아니다.

이 비유에서 돈 많은 임금에게 큰 빚을 진 사람은 교활한 자인데, 그 빛이 엄청난 금액이다. 한 주석가는 그 빚이 19만 3천 년간의 품삯에 해당되는 금액이었을 것으로 추산한다. 그러나 이는 채무자가 도저히 갚을 수 없는 큰 금액으로 어느 누구도 갚을 수 없다는 의미의 과장된 표현일 것이다.

임금이 이 빚진 사람을 소환하여 다그치자 채무자는 구걸하듯 사정한다. 무릎을 꿇고 엎드려 얼마 동안만이라도 기간을 연장해 줄 것을 애원했고, 그러면 빚을 갚겠노라고 약속한다. 이 장면이 연상되는가? 임금은 자기 발밑에 엎드려 애원하는 채무자의 행동이 흔한 통속극의 한 장면 같아 화가 나기도 하고 꼴사납기도 하여 그 상황을 빨리 비껴가려고 한다. 그리하여 임금은 발밑에 꿇어 엎드린 채무자를 잡아 흔들며, "이 변변치 못한 녀석아, 정신차려, 좀 사내답게 행동할 것이지"라고 말한다. 그러나 임금이 나중에는 불쌍한 마음이 들어, "여보게, 내가 빚을 탕감해 주겠네"라고 한다.

그러자 이 교활한 모사꾼은 벌떡 일어나 먼지를 털고는 행복한 한 마리의 종달새가 날아가듯 사라진다. 그는 빚을 탕감 받은 것이다! 큰 빚이 없어진 것이다. 집으로 돌아가는 길에 그는 자기에게 몇 개월 급여에 해당되는 적은 돈을 빌려간 사람을 만난다. 물론, 그 빚은 단 10분 전에 자신이 탕감 받은 천문학적인 금액의 빚에 비하면 아무것도 아니다. 그러나 그 사람을 보자, 빌려 준 돈을 당장 받고 싶은 마음이 들었다. 그런데 이 두 번째 종은 지금 갚을 돈이 없었기 때문에 채권자의 발밑에 엎드려 다음 기회를 달라고 애원한다. 그런데도 방금 전, 엄청나게 큰 빚을 탕감 받은 이 사람은 며칠 더 연기해 주는 것조차 못하겠다는 것이다. 그러면서 그를 감옥에 집어넣었다. 이윽고, 빚을 탕감해 준 임금이 그 사실을 알게 되었지만 그는 도저히 믿을 수가 없다. 엄청난 금액의 빚을 탕감해 주었으니 말이다. 참으로 무자비한 일이다. 결국 그 종은 자신이 탕감 받았던 그 엄청난 액수의 빚을 다시 갚아야 하는 곤경에 처하게 된다.

이 이야기를 일단 이해하고 나면, 예수님 말씀의 요지가 분명해진다. 터너는 이를 다음과 같이 요약 한다.

> 이 예화의 요지는 거액의 빚을 탕감 받은 것과 푼돈도 탕감해 주기를 거절하는 것 사이에서 드러난 엄청난 모순이다..탕감해 주기를 거절한 종은 자신이 받은 용서를 다른 사람에게는 베풀지 않은 것이다 (마 7:12).

이 비유의 문맥을 기억하라. 사도 베드로는 예수님께 "몇 번이나 용서해야 하는지?"를 묻고 있다. 예수님은 일흔 번씩 일곱 번 용서해야 한다고 대답하셨는데, 이는 횟수의 제한이 없음을 의미한다. 예수님께서는 그렇게 많이 용서해주는 것을 제자들이 부당하다고 생각하고 있음을 아셨다. 이 비유에서 예수님은 "사람이 어떤 상처를 주었던지 간에 당신이 하나님께 저지른 것에 비하면 이는 아무것도 아니다"라는 사실을 가르치고 있다. 용서하지 않는 그리스도인은 마치 억대의 빚을 탕감 받고도 몇 푼 안 되는 빚을 탕감해 주지 않는 사람과 같다.

말할 필요도 없이, 인간은 서로에게 끔찍한 일들을 저지른다. 어떤 것은 결코 작은 상처가 아니다. 어떤 경우에는 실로 엄청난 상처일 수도 있다. 그럼에도 이것들은 우리가 하나님께 저지른 것에 비하면 여전히 아무 것도 아닌 정말 작은 것이다.

용서하지 않겠다는 사람에게 무슨 말을 해야 할까?

본장의 처음으로 돌아가 보자. 용서할 수 없다든지 용서하지 않겠다는 사람에게 무슨 말을 해주어야 할까? 이는 신학적 질문이 아니다. 많은 사람들이 용서하지 않겠다는 말을 매우 쉽게 한다. 1988년 용서에 관한 미국의 갤럽조사에 의하면, 응답자의 94퍼센트가 용서는 중요하다고 응답했다. 그러나 그 중에서 용서를 실행에 옮긴 사람은 불과 48퍼센트에 불과했다. 그렇다면 용서하지 않겠다는 이 46퍼센트에게는 무슨 말을 해야겠는가?

여기서 우리는 이 비유에 대해 진지하게 생각해 볼 필요를 느끼게 된다. 용서야말로 가장 중대한 당면과제다. 엄청난 금액의 빚은 채무자가 도저히 갚을 수 없다는 것을 감안할 때, 이 채무자는 감옥 안에서 영원히 고문을 당할 수 밖에 없다. 그러므로 용서할 마음이 없다거나 용서하지 않겠다는 사람들은 자신의 구원을 염려해야 할 것이다. 예수님은 다른 경우에서도 용서의 중요성을 강조하셨다. 기도에 대해 가르치신 후, 예수님은 다음과 같이 말씀하셨다.

> 너희가 사람의 잘못을 용서하면 너희 하늘 아버지께서도 너희 잘못을 용서하시려니와 너희가 사람의 잘못을 용서하지 아니하면 너희 아버지께서도 너희 잘못을 용서하지 아니하시리라 (마 6:14-15).

그리고 다시금 마태복음 7장 1-2절에서는 이같이 말씀하셨다.

> 비판을 받지 아니하려거든 비판하지 말라 너희가 비판하는 그 비판으로 너희가 비판을 받을 것이요 너희가 헤아리는 그 헤아림으로 너희가 헤아림을 받을 것이니라.

용서하기를 거부하는 것이 과연 무슨 의미인지를 깊이 생각해 본다면 우리 모두는 움츠러들지 않을 수 없다. 만약 당신이 이 사실을 알고 나서도 "나는 용서할 수 없어" 또는 "나는 용서하지 않겠어"라고 한다면, 지옥의 실상에 대해 좀 더 심각하게 생각해 볼 것을 강권한다. 영원한 형벌을 택할지언정 정말 용서할 마음이 없다는 말인가?

조나단 에드워즈의 '영원한 지옥의 고통'이라는 제목의 설교 한 대목을 여기 소개한다. 이와 같은 고통 속에서 얼마나 무섭고 끔찍한 절망을 겪게 될 것인지 생각해 보라.

> 해와 달과 별이 진하여 이 세상이 끝난 후, 하루의 안식도 아니 단 일분간의 평안도 없이 비통한 신음과 비탄은 끝없이 이어지고, 구원의 소망은 어디에도 없으리라는 것을 상상해 보라. 이 고통 속에 천년이 가도 여전히 소망이 없고, 고문의 끝에는 한 치도 다가가지 못했다는 것만 알게 될 뿐이리라. 그 긴 시간 하나님의 진노에 시달려온 당신의 영혼은 계속해서 진노를 당해야 할 것이다. 그 긴 세월에는 시뻘건 불꽃에 타고 있는 당신의 육체는 타지 않을 것이며, 이미 지나가 버린 세월로도 결코 단축 될 수 없는 영원한 화염 속에서 당신의 영혼과 육체가 고통받을 것이다.

혹 당신은 "그러니까 내가 용서하지 않는다면, 내 구원의 문제까지 의심해야 한다는 말씀이시군요. 마치 행위로 구원얻는다는 말씀 같은데, 예수님이 다른 사람을 용서해 줌으로써 구원을 받는다고 말씀하셨던가요?"라고 똑부러지게 반응할지 모르겠다. 이 질문에 대한 답은 분명히 "아니오"다. 예수님은 우리가 구원받기 위해서는 다른 사람들을 용서해야 한다고 가르치지 않으셨다. 그러나 진실로 은혜를 입은 사람은 다른 사람에게 기꺼이 은혜를 베풀게 된다고 가르치셨다.

이런 식으로 한번 생각해 보라. 당신이 손에 사과를 들고 있다고 당신이 사과나무가 되는 것이 아니다. 그러나 사과나무는 사과라는 열매를 맺는 것이 그 특성이다. 이처럼 사람을 용서하는 것이 당신을 그리스도인으로 만들지는 못하지만 진정으로 구원받은 그리스도인은 용서를 베풀게 되어 있다. 아니면 이런 생각을 해보면 어떻겠는가? 지금 당신이 있는 곳에서 한 번 오리 흉내를 내 보라. 비행기 탑승 중이라면 뒤뚱거리며 걸을 수도, 퍼덕거리며 날개 짓을 할 수도 없을 테니 그냥 작은 소리로 "꽥, 꽥"소리를 내 보라. 그렇게 한 뒤에 거울을 보라. 그러나 당신은 여전히 오리가 아니지 않은가? 반면에 오리는 꽥꽥 소리를 낸다. 당신이 오리처럼 보이는 한 생물을 발견했는데 그 녀석이 '꽥' 소리를 내지 못한다면, 그것은 오리가 아니다.

용서한다고 다 그리스도인이 되는 것은 아니다. 당신이 아직은 그리스도인이 아닌데 당신에게 심한 상처를 준 사람을 용서했다고 가정해보자. 그렇다고 그것이 당신을 그리스도인으로 만들어주지는 못할 것이 아닌가? 그러나 당신이 진정한 그리스도인이라면 자연스럽게 당신은 다른 사람을 용서할 수 있을 것이다. 그리스도인이 된 후 다른 사람을 용서할 수 있는 놀라운 능력을 발휘한 많은 사람들의 이야기가 있다. 제2차 세계대전에 참전했던 두 사람에 대한 이야기인데 한 사람은 일본인이고 다른 한 사람은 미국인이었다. 그들은 하나님의 은혜를 입은 사람들이었기에 다른 사람을 기꺼이 용서할 수 있게 되었다.

제이콥 드샤제르와 미쯔오 후치다 이야기

제이콥 드샤제르와 미쯔오 후치다의 이야기를 이해하려면, 제 2차 세계대전 중 미일간의 증오심을 반추해야 한다. 그 전쟁은 미국인에 대한 일본인의 증오심 그리고 일본인에 대한 미국인의 증오심으로 가득찬 최악의 전쟁이었다. 그들이 저지른 폭행과 대학살은 이루 말할 수 없다. 태평양 전쟁에서 일본과 미국은 서로에게 말할 수 없는 만행을 저질렀다.

극악무도함은 도를 넘어 죽은 사람의 은밀한 부위를 잘라 그 사람 입에 물려 놓기도 하고, 금니를 뽑아내며 죽은 사람의 벌어진 입에 소변을 보는 일이 대수롭지 않게 자행됐다. 활화산에서 뿜어져 나오는 열기만큼이나 맹렬한 증오심이 그들을 그렇게 만들었던 것이다. 미쯔오 후치다와 제이콥 드샤제르는 그 전쟁에서 치열한 적대 상황에 처하게 되었다. 후치다는 당시 진주만에 최후 폭파명령을 내렸던 전투

장교였다. 일본이 진주만에 폭탄을 투하한 날로부터 넉 달 동안 드샤제르는 한 폭격기의 전투원으로 복무했는데, 어느 날 탑승했던 전투기 연료가 바닥나면서 그는 일본군에게 체포되고 말았다. 40개월이나 그는 포로수용소에서 혹독한 일을 겪었다. 몇몇 전우들은 즉시 처형당했고 나머지는 기아상태에서 서서히 죽어갔다. 그는 일본사람을 극히 증오했다. 분노는 철저하게 그의 존재를 삼켜버렸다. 그러던 중, 드샤제르는 전사한 어느 그리스도인 포로의 간증을 듣게 되었고, 성경에서 인생의 해답을 찾기로 결심했다. 드샤제르는 다음과 같이 기록했다.

나는 그 비결을 찾기 위해 성경을 읽고 싶은 알 수 없는 갈망에 사로잡혔다. 그래서 나를 체포했던 일본군에게 성경을 구해달라고 애원했다. 1944년 5월 어느 날, 드디어 한 경비병이 내게 성경을 가져다주었다. 그리고는 3주 동안만 성경을 볼 수 있다고 말했다. 나는 열심히 성경을 읽기 시작했다. 구구절절 내 마음을 사로잡았다. 1944년 6월 8일, 로마서 10장 9절 말씀이 내 눈앞에 당당하게 다가왔다.

"네가 만일 네 입으로 예수를 주로 시인하며 또 하나님께서 그를 죽은 자 가운데서 살리신 것을 네 마음에 믿으면 구원을 받으리라"

그 순간, 하나님은 내게 나의 죄를 고백할 수 있는 은혜를 주시고 내 모든 죄를 용서해 주시고 예수로 말미암아 나를 구원해 주셨다. 나중에 알게 되었지만, 요한일서 1장 9절 말씀에서 하나님은 "만일 우리가 우리 죄를 자백하면 그는 미쁘시고 의로우사 우리 죄를 사하시며 우리를 모든 불의에서 깨끗하게 하실 것이요"

라고 분명히 약속해 주셨다. 내 육신은 굶주림과 매맞음으로 몹시 고통스러웠지만, 나의 영적 생명이 새로워짐으로 내 마음은 얼마나 기뻤는지 모른다. 그리고 하나님은 돌연히 내게 새로운 영적 안목을 열어 주심으로, 나와 우리 전우들을 그리도 냉혹하게 굶기고 때렸던 일본인 장교들과 경비병들에 대한 내 비통한 증오심은 사랑의 연민으로 바뀌었다.

1945년 8월 20일, 마침내, 포로들은 수용소에서 해방되었다. 드샤제르는 육신적으로는 거의 시체나 다를 바 없었지만 영적으로는 새사람이었다. 미국으로 돌아가 그는 성서대학에 입학했고 놀라운 사랑이 그의 마음에 차고 넘쳐 그는 일본 선교사가 되기로 결심했다. 드샤제르는 자신의 이야기를 글로 써서 일본에 배포했다. 그 글을 읽은 사람 중 한 사람이 다름 아닌 미쯔오 후치다였던 것이다. 드샤제르의 글에 깊은 감동을 받은 그는 다음과 같은 글을 남겼다.

> 드샤제르의 간증은 내 입으로는 설명할 수 없는 그 무엇이었다. 그리고 도저히 잊을 수가 없었다. 그 간증문을 끝까지 읽게 된 동기는 정확하게 그 사랑이 바로 내가 추구하고 있었던 것이기 때문이다. 그 미국인이 그것을 성경에서 찾았음을 안 이상 나는 주저할 것이 없었다. 전통적 불교 신자임에도 불구하고 나도 그것을 추구하기로 결심했다. 그 다음 주부터 나는 성경을 읽기 시작했다. 드디어 나는 결정적인 드라마, 십자가 사건에 이르렀다.
> 누가복음 23장 34절에서 나는 "아버지 저들을 사하여 주옵소서 자기들이 하는것을 알지 못함이니이다"라는 죽음의 순간에

드린 예수 그리스도의 기도를 읽었다. 내가 바로 그가 기도한 저들 속의 한 사람이라는 생각이 들었다. 내가 죽인 많은 사람들은 애국심이라는 미명하에 학살을 당한 것이다. 당시 나는 모든 사람의 가슴 속에 심기를 소원하셨던 그분의 사랑을 깨닫지 못했었기 때문이다.

  바로 그 순간, 나는 처음으로 예수님을 만난 것 같았다. 그의 죽음의 의미가 내 사악함을 대신한 것으로 이해되었다. 그래서 나는 그분께 내 죄를 용서해주시고 증오심과 환멸로 가득찬 나를, 삶의 목적을 가진 균형 있는 그리스도인으로 변화시켜 달라고 기도했다. 1950년 4월 14일, 그 날은 내 인생에서 두 번째로 '기억하는 날'이 되었다. 바로 그날 나는 새사람이 되었다. 전에 내가 항상 증오하고 무시했던 한 그리스도로 말미암아 인생을 보는 나의 시각이 완전히 바뀐 것이다.

그리스도가 아니었더라면 증오심과 비통함이 후치다와 드샤제르, 이 두 사람의 인생을 모두 탕진해 버리고 말았을 것이다. 진주만에 원자폭탄을 투하하라고 최종 명령을 내렸던 일본인 장교와 고문당한 미국인 전쟁포로는 그리스도와 함께 서로를 향한 사랑으로 충만했다. 주 예수 그리스도는 영광을 받으셨고 드샤제르와 후치다는 영원한 기쁨을 찾았다.

결론

당신이 바로, 용서할 수 없다거나 용서하지 않겠다고 말하는 사람이라면, 당신의 영혼의 문제를 앞에 놓고 두려워해야 할 것이다. "나는 용서할 수도, 용서하지도 않겠다"고 말하는 것은 본질적으로 "나는 아예 지옥 갈 생각을 하고 있다"는 말의 또 다른 표현이다. 내가 왜 이 말을 한다고 생각하는가? 예수님은 "너희가 사람의 잘못을 용서하면 너희 하늘 아버지께서도 너희 잘못을 용서하시려니와 너희가 사람의 잘못을 용서하지 아니하면 너희 아버지께서도 너희 잘못을 용서하지 아니하시리라"(마 6:14-15)고 말씀하셨다.

꽥꽥 소리를 낸다고 오리가 되는 것은 아니다. 그러나 오리는 꽥꽥 소리를 낸다. 용서하는 것이 당신을 그리스도인으로 만드는 것은 아니다. 그러나 그리스도인은 용서한다. 다른 사람을 용서함으로 우리가 구원을 받는다거나 구원의 공로가 되지는 않는다. 그러나 은혜 받은 사람들은 받은 은혜를 다른 사람들과 너무나 자연스럽게 나눈다. 이것이 그들의 특징이다.

토론을 위한 질문

이 문장을 완성하라 "누군가 당신에게 어떤 상처를 주었더라도 _____에 비하면 그것은 아무것도 아니다."

- 용서할 마음이 전혀 없다는 사람에게 어떻게 경고해야 하는가?
- 다른 사람을 용서하면 구원을 얻는가?
- "꽥꽥 소리를 낸다고 오리가 되는 것은 아니다. 그러나 오리는 꽥꽥 소리를 낸다"는 말은 본 장의 내용과 어떻게 연관되는가?
- 요한1서 2장 1절을 읽으라. 용서에 관한 하나님의 명령을 이행할 마음이 없는 사람이 자신의 구원을 확신할 수 있는가?
- 상처를 준 사람을 용서할 마음이 없는 사람을 위해 기도문을 써보라.

제 11장
회개하지 않는 사람에게 어떻게 반응해야 할까? (I)

큰 소리로 불러 이르되 거룩하고 참되신 대주재여 땅에 거하는 자들을 심판하여 우리 피를 갚아 주지 아니하시기를 어느 때까지 하시려 하나이까하니 (계 6:10).

"당신은 제가 용서받았다고 생각지 않으세요?"

"어쩌죠. 아닌데요." 에메트 목사는 힘주어 말했다.

이안은 입이 딱 벌어졌다. 자기가 잘못 알아들었나 싶어 그는 다시 물었다. "제가 용서받은 게 아니라구요?"

앤 타일러

질문

회개하지 않는 가해자에게는 어떻게 해야 할까? 악을 행하고도 책임을 지지 않는 사람들에게 우리는 어떻게 반응해야 할까?

이 질문에 대해 생각하다 보면, 아마도 당신은 폭력과 관련된 여러 비극적 사건들을 떠올릴 수 있을 것이다. 나치주의자들에 의한 유대인 대학살, 오클라호마 시 연방정부청사 폭파사건, 콜롬비아호 공중폭파참사, 르완다 대학살, 9·11 동시테러 대참사, 아니면 버지니아 공대 총기난사를 기억할 것이다. 그러나 보다 개인적인 일들도 있을 것이다. 아버지의 친구로부터 성폭행 당한 어린 소녀, 친구들에게 괴롭힘을 당한 소년, 부정한 배우자 때문에 고통과 굴욕을 당한 사람 등.

지금은 이미 고인이 됐지만, 자기 딸을 계속해서 성희롱하고도 자신의 잘못을 전혀 뉘우치지 않았던 아버지를 이제 엄마가 된 딸은 어떻게 해야 할까? 남의 자식을 죽이고도 전혀 책임지지 않는 그 살인마를 부모는 어떻게 해야 하는가? 뉴욕 시민들은 9·11 참사 폭파범들을 어떻게 기억해야 하는가? 회개하지 않는 가해자들을 어떻게 다룰 것인가라는 질문에 대한 그리스도인의 조심스런 답변이 요구된다. 근래에 너무도 많은 책임성 없는 견해들이 난무하고 있기 때문이다. 버지니아 공대 총기난사사건에 관해 인터넷에 올라 온 다음의 글은 그 대표적인 예라 하겠다.

"조승희는 다른 희생자들과 마찬가지로, 마땅히 존경과 사랑으로 기억되어야 한다."

그러나 아무리 선의라 할지라도 이런 감상주의는 사람들을 격분케 할 만큼 왜곡된 것이다. 사실, 그렇게 말하는 사람들은 죄에 찌들린 사람들이라 해도 틀린 말이 아니다. 그렇기 때문에 조승희도 그가 죽인 사람들과 똑같은 식으로 기억되어야 한다고 주장하는 것은 분명히 큰 잘못임에 틀림없다. 이 문제에 대해 우리는 로마서 12장 17-21절의 말씀을 통해 그 해답의 원리를 얻을 수 있다.

원리 하나: 보복하지 않겠다고 결심하라.

사도바울은 로마서 12장 17-21절에서 그리스도인이 악에 대해 어떻게 반응해야 하는지를 단도직입적으로 설명해준다. 이 구절에서 찾을 수 있는 세 가지 원리는 책임 있는 그리스도인이 회개치 않는 가해자에게 어떻게 반응해야 하는지에 대한 원리를 제시해준다.

> 아무에게도 악을 악으로 갚지 말고, 모든 사람 앞에서 선한 일을 도모하라 할 수 있거든 너희로서는 모든 사람과 더불어 화목하라 내 사랑하는 자들아 너희가 친히 원수를 갚지 말고 하나님의 진노하심에 맡기라 기록되었으되 원수 갚는 것이 내게 있으니 내가 갚으리라고 주께서 말씀하시니라 네 원수가 주리거든 먹이고 목마르거든 마시게 하라 그리함으로 네가 숯불을 그 머리에 쌓아 놓으리라 악에게 지지 말고 선으로 악을 이기라

여기서 우리는 믿는 자들은 복수할 수 없다는 첫째 원리를 찾을 수 있다. 사도바울은 17절에서 이 서신의 수신자들을 향해 "아무에게도 악을 악으로 갚지 말라"고 교훈한다. 그리고 19절에서는 부드럽지만 단호하게 "내 사랑하는 자들아 너희가 친히 원수를 갚지 말라"고 주문한다. 이어 21절에서 우리는 "악에게 지지 말고 선으로 악을 이기라"는 명령을 듣는다.

복수란 같은 방식이나 같은 정도로 앙갚음 한다거나 상처를 되돌려 준다는 뜻이다. 그러나 성경은 이를 금한다. 사도바울이 복수를 강력

히 금하는 이유는 복수가 언뜻 옳은 것처럼 보이기 때문이다. 사실, 복수를 덕으로 여기는 민족과 문화가 있다. 심지어, 한 웹사이트(의도적으로 주소는 밝히지 않는다)는 남성들에게 보복하라고 여성들을 전격적으로 부추기고 있다. 이 사이트는 열한 가지의 복수지침을 제시해주는데, 그 중 몇 가지를 발췌해서 소개하겠다.

1. 광분하라. 그리고 나서 앙갚음하라. 이는 공정하고 솔직하고 간단한 것이다.
2. 복수는 건강한 것이다. 완곡하게 달리 말하는 사람들의 말을 듣지 말라. 당신은 사람들에게 더 좋은 행동을 하라고 가르친다. 그러나 동시에 당신 속에서는 대번에 악의에 찬 역겨운 감정이 솟구친다. 무엇이 더 건강한가?
4. 복수는 탁월한 자기 치유법이다. 이는 치료전문가와 상담하는 비용보다 싸고, 스트레스로 인한 과식보다 오히려 건강에 좋다.
6. 복수를 할 때에는, 가장 아프게 한 바로 그 부분을 겨냥하라. 급소를 찌르라.

영화로도 만들어진 존 그리샴의 원작소설, 「타임 투 킬」(*A Time to Kill*)은 이 보다 더 심한 경우다. 이 소설은 열 살짜리 여아를 잔인하게 강간하는 장면으로 시작된다. 읽기가 심히 거북스러울 정도다. "빌리 레이콥은.... 뒷문에 걸터앉아 맥주를 병째로 들이키고는, 잎담배 연기를 뿜어내며 흑인 소녀를 범하고 있는 친구 윌라드를 지켜보고 있었다." 책 두세 장을 넘기면, 직장에서 돌아온 아버지, 칼 리가 정확히는 모르지만 뭔가 잘못됐다는 것을 알아차리는 내용이 나온다.

"그가 현관문을 열자, 아내 그윈의 울음소리가 들렸다. 그리고는 작은 거실 오른쪽으로 긴 의자에 놓인 작은 물체를 들여다보고 있는 사람들을 발견했다. 아이는 젖은 수건에 싸여있었고 둘러선 친척들은 울고 있었다. 그가 긴 의자로 다가가자 울음은 그치고 몰려있던 사람들이 한 발 뒤로 물러섰다. 아내만 아이 곁에서 말없이 그녀의 머리를 만지고 있었다. 그는 긴 의자 옆에 무릎을 꿇고 아이의 어깨를 건드렸다. 그리고 딸에게 말을 걸었다. 딸은 애써 웃으려 했다. 그녀의 얼굴은 온갖 찢긴 상처로 피멍이 들어 있었다. 아이의 두 눈은 언저리가 부어 잘 보이지 않았고 피가 묻어 있었다. 이마에서 발꿈치까지 온통 피멍이 든 전신이 수건에 싸인 딸의 작은 체구를 들여다보는 아빠의 눈에는 눈물이 고였다. 칼 리는 아내에게 무슨 일이 있었는지 물었다. 그러자 그녀는 온몸을 떨며 대성통곡하기 시작했다. 처남이 누나를 부축해서 부엌으로 갔다. 그 자리에 서있던 칼 리는 모인 사람들을 향해 무슨 일이냐고 고함을 질렀다. 침묵이 흘렀다. 세 번째 그는 다시 물었다. 그때 아내의 사촌인 윌리 해스팅스가 한발 앞으로 다가서며, 토냐가 길 가운데 누워있는 것을 그들이 발견했는데, 그 때 어떤 사람들이 근처에서 낚시를 하고 있었다고 말했다. 딸애가 그 사람들에게 아빠의 이름을 말해 주어서 그들이 아이를 집으로 데려온 것이다. 침묵이 흘렀다. 입을 다문 해스팅스는 머리를 떨구고 자기 발끝을 응시하고 있었고 칼 리는 그를 지켜보며 기다리고 있었다. 그 외 모든 사람들은 숨을 죽이고 바닥만 보고 있었다."

우리 집에는 딸이 둘이다. 이 책을 쓸 때, 하나는 네 살이고 또 하나는 열세 살이었다. 딸을 가진 아빠로서, 어느 날 현관문을 들어서면서 딸애가 끔찍한 성폭행을 당했다는 사실을 알았을 때, 그 기분이 어땠을지 상상하기도 어렵다. 이 단락을 읽을 때마다 나는 칼 리가 된다. 그리고 화가 날 때마다 격분하게 된다.

이야기가 전개되면서, 영화에서 아버지 역을 맡은 사무엘 잭슨은 자신의 어린 딸에게 누가 이런 짓을 했는지 알게 되자 즉시 암시장으로 달려가 기관총을 구해 딸을 범한 사람들을 죽인다. 이 책의 나머지 부분은 딸을 성폭행한 범인들을 죽인 칼 리가 유죄판결을 받을 것인지 아닌지에 대한 이야기다.

당신이 배심원이라면 당신은 어떤 표를 던지겠는가? 딸을 강간한 두 사람을 죽였기 때문에 아버지는 분명 범법한 것이다. 그러면, 열 살짜리 소녀가 당한 성폭행에 대해 그 아버지가 복수할 수 있는 장소가 어디엔가는 존재해야 하는 것인가? 현실적으로 아버지들은 이런 일을 너무 자주 당한다. 젊은 변호사, 그리샴은 어떻게 '타임 투 킬'이라는 생각을 하게 되었는지 다음과 같이 설명했다.

> 어느 날, 나는 우연히 자신을 성폭행한 남자에 대해 어린 소녀가 증언하는 참담한 재판을 맡게 되었다. 이는 창자가 꼬이는 것 같은 사건이었는데도, 나는 단지 구경꾼일 뿐이라는 느낌이 들었다. 정말이지 그녀와 가족이 겪어야 했던 악몽은 상상할 수가 없었다. 그 애가 내 딸이었다면 내가 어떻게 했을지 당혹스러웠다. 배심원 앞에서 고통당하는 그 소녀를 지켜보면서 내가 직접

그 범법자를 쏴 죽이고 싶었다. 나는 한 순간이나마, 아니 끝없이 그녀의 아버지가 돼주고 싶었다. 나는 정의를 원했던 것이다.

그리샴이 어떻게 느꼈을지 우리는 이해할 수 있다. 그러나 우리의 감정이 앞서서는 안 된다. 우리가 이런 사건의 배심원이라면, 어디에 어떤 표를 던질지 의문이 생길지 모른다. 복수한 죄 때문에 아버지가 법을 어겼다지만 우리는 그에게 무죄선고하고 싶은 유혹을 받을지 모른다. 그러나 예수님이 어떻게 하실 지에 대해서는 의심의 여지가 없다. 복수는 선택사항이 아니다. 상처가 얼마나 끔찍했던지 간에, 또한 로마서가 가장 잔인하게 폭행당한 그리스도인들에 의해 쓰였을지라도, 복수는 성경적이지 않다. 그리고 명예로운 것도 아니며 낭만적이지도 않다. 다시 이 말씀을 읽어보라.

"아무에게도 악을 악으로 갚지 말고,....내 사랑하는 자들아 너희가 친히 원수를 갚지 말고....악에게 지지 말고 선으로 악을 이기라"

감사하게도, 우리가 보복을 생각하게 되는 대부분의 상황은 그처럼 폭력적이지 않다. 그럼에도 우리는 보복하고 싶은 충동을 받는다. 많은 사람들이 주기적으로 품게 되는 일상적인 보복들이 있다.

• 배우자가 무례하고 무정하다. 애정이 없고 묵비권만 행사

하려 한다.
- 사촌이 가족모임에서 내게 차갑게 대했다.
- 목사가 무책임하게 행동했다. 상처 입은 사람이 다른 사람들에게 떠벌이느라 전화통에 불이 난다.
- 직장 상사가 거칠고 부당하다. 낙심한 직원들끼리 상사에 대해 악담을 한다.
- 아버지가 아들을 징계하는데, 그 이유가 있음을 가르치려는 것이 아니라 아들이 귀찮게 해서 화가 났기 때문이다.
- 교회를 옮기겠다는 다 큰 자녀 때문에 부모가 화가 났다.

　당신도 솔직하다면, 작게나마 이 같은 보복의 유혹을 받은 적이 분명히 있을 것이다. 마음이 상했을 때에는 사람들은 자연스럽게 작은 보복 정도는 해도 된다고 생각한다. 그러나 모든 보복은 분명히 잘못된 것이고 그것은 또한 죄다. 복수는 흔히 폭력을 불러들이고 또 다른 복수를 낳게 된다.
　그리샴의 원작 소설을 바탕으로 한 영화 '타임 투 킬'은 상황을 복수로 이끌어간다. 그렇게 되면 그 복수가 불러들일 2차적 폐해를 솔직히 인정해야 한다. 소설 속에서 작가는 칼 리의 복수가 관련된 모든 사람들의 인생을 어떻게 파멸로 끌고 가는지를 잘 보여준다. 칼 리의 가족은 경제적 고통을 당하게 되고 재판이 이어지는 동안 자녀들은 아버지를 보지 못하고 지내야만 된다. 그리고 칼 리가 딸을 겁탈한 범인을 죽이려고 총을 쏜다는 것이 사고로 이어져, 결국 대리인의 한쪽

다리를 절단해야 했고, 그 외에도 여러 사람이 죽게 된다. 그 외에도 폭력의 여파는 계속된다. 따라서 사소한 방식으로라도 우리는 결코 복수하지 말아야 한다. 보복이 정당해 보이지만, 성경은 분명하게 금하고 있기 때문이다.

어쩌면 당신이 복수했던 지난 일에 대해 성령께서 지금 당신을 깨우쳐주고 있을지 모른다. 당신의 죄를 하나님께 고백하고 용서를 구하라. 그리고 당신이 보복한 당사자에게 용서를 구하라. 당신의 행동을 정당화하려고 애쓰지 말라. 당신의 행동에 대해 왜 그렇게 할 수밖에 없었는지 변명하지 말라. 겸허하게 용서를 구하라. 복수가 죄라면, 어떻게 하는 것이 올바른 반응인가? 열 살짜리 딸을 겁탈한 두 강간범에게 그리샴의 소설에 등장하는 칼 리는 어떻게 했어야 했을까? 여기에 두 번째 원리가 제시된다.

원리 둘: 전향적으로 사랑을 베풀라.

아무에게도 악을 악으로 갚지 말고, 모든 사람 앞에서 선한 일을 도모하라 할 수 있거든 너희로서는 모든 사람과 더불어 화목하라 내 사랑하는 자들아 너희가 친히 원수를 갚지 말고 하나님의 진노하심에 맡기라 기록되었으되 원수 갚는 것이 내게 있으니 내가 갚으리라고 주께서 말씀하시니라 네 원수가 주리거든 먹이고 목마르거든 마시게 하라 그리함으로 네가 숯불을 그 머리에 쌓아 놓으리라 악에게 지지 말고 선으로 악을 이기라 (롬 12:17~21).

이 원리를 완전히 이해하기 위해서, 우리는 문맥 안에서 이 구절들을 검토해야 한다. 로마서 12장에서 사도 바울은 "사랑에는 거짓이 없나니"라는 말씀을 무엇보다 중요한 명령으로 제시하는 9절에서부터 이 원리를 설명하기 시작한다. 그래서 우리는 사랑이 왜 거짓이 없어야 하는지를 이 몇 구절을 통해서 자세히 알 수 있다. 여기서 드러나는 사도 바울의 요지는, 즉 부당한 취급을 받았을 때에도 삶을 통해 사랑을 드러내야 한다는 것이다. 이것이 사도 바울의 요지다. 그리스도를 닮은 사랑은 적극적으로 화평을 추구하고, 또 베풀어야 한다. "모든 사람 앞에서 선한 일을 도모하라 할 수 있거든 너희로서는 모든 사람과 더불어 화목하라"(롬 12: 17하-18).

사도바울이 "도모하라"고 했을 때, 그는 적극적인 계획을 뜻하는 단어를 사용한다. 그리스도인은 원수일지라도 어떻게 그와 화목해야 할지를 구상해야 한다. 잠자리에 누워 어떻게 복수할까를 궁리하는 대신, 폭력의 악순환을 종식시키는 방법을 생각해내는데 우리의 에너지를 사용해야 한다. 신학자 존 머레이는 다음과 같이 요약했다. "우리는 선행을 통해, 우리를 핍박하고 학대한 사람에 대한 원한이나 앙심을 근절시켜야 한다." 물론, 성경에서 사랑을 강조한 부분이 비단 바울 서신에만 있는 것은 아니다. 예수님은 가장 크고 첫째 되는 계명은 하나님을 사랑하는 것이며, 둘째 계명은 네 이웃을 네 자신과 같이 사랑하는 것이다(마 22: 37-49). 이 기초 위에, 예수님의 교훈이 계속 이어진다.

> 또 눈은 눈으로, 이는 이로 갚으라 하였다는 것을 너희가 들었으나 나는 너희에게 이르노니 악한 자를 대적하지 말라 누구든지 네 오른편 뺨을 치거든 왼편도 돌려 대며 또 너를 고발하여 속옷을 가지고자 하는 자에게 겉옷까지도 가지게 하며 또 누구든지 너로 억지로 오 리를 가게 하거든 그 사람과 십 리를 동행하고 네게 구하는 자에게 주며 네게 꾸고자 하는 자에게 거절하지 말라 (마 5:38-42).

만약 그리샴의 소설에 등장하는 칼 리가 그리스도인이라면 그는 자기 딸을 강간한 사람들과 화평을 이루기 위해 어떻게 행동해야 하는 것일까? 복수하는 대신 전향적으로 사랑의 은혜를 베풀 수 있을까? 어떻게 어린 딸의 강간범 가족에게 진정으로 다가 갈 수 있을까? 그들에게 경제적 도움까지 베풀 수 있을까? 이와 같은 생각들은 감히 상상할 수도 없어 보이지만, 이것이 바울의 가르침에 담긴 놀라운 암시이다. 우리에게 해를 끼친 사람을 사랑하고, 그들과 화목하게 지내기 위해 우리의 모든 정신적 에너지를 사용해야 한다는 것이다. 당신의 사랑에 거짓이 없게 하라. 선한 일을 도모하고 힘써 행하라. 당신은 할 수만 있다면 모든 사람과 더불어 화목하게 지내라.

20절에서 사도 바울은 한 걸음 더 나아가 원수가 우리에게 상처를 입혔을지라도 그들에게 먹을 것을 주라고 말함으로써 그 의미를 더욱 증폭시킨다. 원수에게 베푼 친절은 그들을 회개케 하기 위한 하나님의 방법이라는 것이다. "네 원수가 주리거든 먹이고 목마르거든 마시게 하라 그리함으로 네가 숯불을 그 머리에 쌓아 놓으리라"(롬 12:20).

흉악범에게 사랑과 친절을 베푼 근래의 실례 중에서, 2006년 아미쉬(검소한 생활과 구습을 지키는 기독교의 한 종파 – 역자 주) 공동체가 겪었던 사건보다 더 좋은 예는 또 없을 것이다.

탄광촌의 아미쉬 공동체

2006년 10월 2일, 펜실베니아 주 니켈 탄광 마을의 아미쉬 학교에서 일어난 일에 대해 많은 언론들이 보도한바 있다. 청명한 9월의 어느 날 학생들은 "반가운 손님은 하루를 기쁘게 한다"는 글귀가 칠판에 씌어져 있는 교실로 들어가고 있었다. 수업시작하기에 앞서, 20세의 젊은 담임선생인 에마는 성경을 읽고 기도를 인도했다. 그리고 학생들은 인생의 덧없음을 표현하는 독일어 노래를 불렀다.

> 인생의 종말을 생각하라
> 너의 죽음을 생각하라
> 죽음은 예고 없이 찾아오는 것
> 너 비록 오늘은 건강한 홍안이라 해도
> 내일, 아니 더 빨리
> 떠날지 모르니
> 오, 너 죄인아, 이것을 기억하며
> 날마다 죽음을 예비하라.

첫 수업이 끝나자, 아이들은 쉬는 시간에 밖으로 나갔다. 몇몇 남자 아이들은 야구를 하고 여자 아이들은 인형놀이를 했다. 학생들이 앞

쪽을 자세히 보았더라면, 350여 미터쯤 떨어진 곳에서 사이다를 마시고 있는 한 남자를 보았을 것이다. 가까이 갔더라면 그가 농장에서 우유를 배달하는 트럭 운전사, 찰스 칼 로버츠 4세라는 걸 알 수 있었을 것이다. 그러나 물론, 그의 끔찍한 계획에 관해서는 전혀 알지 못했으리라. 로버츠는 총과 탄약과 쌍안경 그리고 윤활유를 트럭에 실었다. 그는 이미 강간과 살해에 대한 구체적인 계획을 갖고 있었다.

쉬는 시간이 끝나고 학생들이 교실에 들어 온 오전 10시 15분경에, 그는 행동을 개시했다. 트럭 후면을 학교 현관 입구에 대고는 모두 안으로 들어가라고 버럭 소리를 질렀다. 그리고는 건물 안에 있던 남자 아이들과 어른들 그리고 에마 선생을 밖으로 내보냈다. 여자 아이들만 남게 되자, 로버츠는 "난 지금 하나님에게 매우 화가 났거든! 그래서 하나님에게 복수하기 위해서 너희 기독교인들을 좀 괴롭혀야겠다" 하면서 그들을 위협했다. 잠언 19장 3절은 "사람이 미련하므로 자기 길을 굽게 하고 마음으로 여호와를 원망하느니라"고 했으니 그가 바로 로버츠였다. 이어서 그는 거기 있는 여아들을 향해 "너희 중 누구 한명이 내가 원하는 대로 하면 나머지는 놓아주겠다"고 했다. 한 아이가 자기가 하겠다고 나섰다. 그러자 언니뻘 되는 다른 아이가 재빨리 펜실베니아식 독일말(영어 섞인 독일말 – 역자 주)로 "안돼! 그러지 마!"라며 극구 말렸다.

이때, 에마 선생은 도움을 구하기 위해 급히 근처 농장으로 달려갔다. 거기서 911에 전화를 걸었고, 9분 만에 경찰차가 도착했다. 경찰이 출동했다는 사실을 감지한 로버츠는, 갓난 아기였을 때 죽은 자기 딸 대신 너희들에게 보복하겠다고 말했다. 「아미시 그레이스」(Amish Grace, 뉴스앤조이)라는 책에서는 이 후의 정황을 다음과 같이 서술하고 있다.

"교실에 있던 두 명의 열세 살짜리 소녀 중 메리안이 자기보다 어린 아이들을 보호할 생각에서, 자기가 할 수 있는 모든 것을 하리라고 결심했다. 로버츠가 그들을 죽일 계획이라는 것을 알아차리고 나서, 그녀는 나머지 아이들을 구하고 자신이 그 어린 아이들을 지킬 셈으로 "저를 먼저 쏘세요"라고 말했다. 오전 11시 5분경, 경찰은 엽총 세발이 발사되는 소리를 들었다. 현관 옆 유리창으로 불길이 솟아올랐다. 그 때, 여러 명의 직원들이 간신히 빠져나왔고, 경찰관들이 서둘러 건물 안으로 들어가 지휘봉과 방패로 유리창을 마구 깨뜨렸다. 그러자 범인은 마치 사형을 집행하듯이 바닥에 줄지어 서있는 아이들을 향해 총을 쏘아 쓰러뜨렸다. 그러면서 동시에 권총을 자신을 향해 겨냥하고는 바닥으로 쓰러졌다. 다섯 명이 죽고 나머지 다섯 명은 심한 부상을 입었다.

찰스 로버츠가 저지른 잔인한 실제상황은 존 그리샴의 소설, '타임 투 킬'보다 더 끔찍했다. 그는 무방비 상태의 어린 소녀들을 살해하고, 끝까지 회개하지 않은 채 스스로 자신의 목숨을 끊고 말았다. 그러나 아미쉬 신도들은 그들이 로버츠에게 행한 방법을 통해 그리스도인의 아름다운 삶을 드러냈다. 한 마디로 그들은 사랑을 베풀었다. 그들은 로버츠에게 먼저 자기를 쏘라고 했던 열세 살 소녀 메리안을 떠올렸다. 그리고 "사람이 친구를 위하여 자기 목숨을 버리면 이보다 더 큰 사랑이 없나니"(요 15:13) 라는 말씀을 묵상하면서 아미쉬 신도들은 메리안이 시작한 일을 조용히 이어갔다. 사태 수습을 위한 기부금이 전달되기 시작하자, 아미쉬 가족들은 즉시 자기 딸들을 살해한 범인의 가족에게 도움을 베풀었다. 아미쉬 공동체의 한 장로는 이렇게 설명했다.

> 누가 그 가족들을 돌보겠는가? 우리는 1,000불을 받고 그들이 5불을 받는 것은 옳지 않다. 우리는 이 아이들의 교육을 위해 무언가를 시작해야 한다.

아미쉬 신도들의 은혜와 사랑 이야기는 로버츠의 장례식에서 그 빛을 발했다. 그의 장례식에 참석한 사람의 반 이상이 아미쉬 신도들이었다. 살해된 아이들의 부모들은 로버츠의 아내, 메리 로버츠를 그 장례식에 초대했다. 이런 그들의 사랑과 은혜에 감격한 메리 로버츠는 "당신들의 사랑이 우리 가족을 치유했어요. 이제 그 사랑은 우리 가족을 넘어, 그리고 우리 공동체를 넘어 우리가 사는 세상을 변화시키고 있어요"라고 쓴 편지를 아미쉬 신도들에게 보냈다.

결론

회개하지 않은 가해자에게 그리스도인은 어떻게 반응해야 하는가? 지금까지 우리는 두 가지 원리를 살펴보았다.

- 원리 하나: 보복하지 않기로 결심하라.
- 원리 둘: 전향적으로 사랑을 베풀라.

이 원리들은 다만 아미쉬 신도들만 위한 것이 아니다. 모든 그리스도인은 이를 구현하도록 부름 받았다. 보복은 결코 선택사항이 아니다. 사소한 방식일지라도 우리는 복수하고 싶은 유혹을 물리쳐야 한다. 그리고 아미쉬 신도들이 찰스 로버츠의 유가족에게 은혜를 베푼 것처럼, 우리에게 상처를 준 사람들에게 전향적으로 다가가야 한다. 그러나 이 두 원리는 회개하지 않은 가해자에 대한 그리스도인의 반응으로써 완벽한 답은 아직 아니다. 한 가지 중요한 원리가 남아 있다. 다음 장에서 다루기로 하겠다.

토론을 위한 질문

- 회개하지 않은 가해자에 대한 반응으로써 처음 두 가지 원리는 무엇인가?
- 복수의 유혹이 강력한 이유는?
- 아미쉬 신도들은 회개하지 않은 가해자에 대한 반응으로

처음 두 원리를 어떻게 실천했는가?

⚜ 베드로전서 2장 21-25절을 읽으라. 이 장에서 약술한 원리들을 예수님은 어떻게 구현하셨는가? 베드로전서의 문맥상 예수님의 모범을 기록한 베드로 사도의 목적은 무엇인가?(벧전 2:13-17을 보라)

⚜ 당신 주변에 전향적인 방법으로 사랑의 창의성을 드러낸 경우를 보았는가?

⚜ 본 장은 우리 대부분이 사소한 또는 교묘한 방법으로 보복하려는 유혹을 받는다고 경고한다. 우리가 일상생활 속에서 보게 되는 보복의 경우는 어떤 것들이 있는가?

제 12 장
회개하지 않는 사람에게 어떻게 반응해야 할까? (II)

구리 세공업자 알렉산더가 내게 해를 많이 입혔으매
주께서 그 행한 대로 그에게 갚으시리니
너도 그를 주의하라 그가 우리말을 심히 대적하였느니라

(딤후 4:14-15).

하나님의 진노와 심판으로 말미암아 원수가 혹독한
고통을 당할 때에야 우리는 비로소 원수를 사랑하고
용서한다는 말의 진정한 의미를 깨닫게 된다.

—디트리히 본회퍼가 에버하드 베스게에게 보낸 편지 중에서

존 그리샴의 소설, '타임 투 킬'은 그 제목자체로 이미 복수심을 불러일으킨다. 그런데 이 제목은 전도서와 상통하는 데가 있다.

> 범사에 기한이 있고 천하 범사가 다 때가 있나니 날 때가 있고 죽을 때가 있으며 심을 때가 있고 심은 것을 뽑을 때가 있으며 죽일 때가 있고 치료할 때가 있으며 헐 때가 있고 세울 때가 있으며 울 때가 있고 웃을 때가 있으며 슬퍼할 때가 있고 춤출 때가 있으며 돌을 던져 버릴 때가 있고 돌을 거둘 때가 있으며 안을 때가 있고 안는 일을 멀리 할 때가 있으며 찾을 때가 있고 잃을 때가 있으며 지킬 때가 있고 버릴 때가 있으며 찢을 때가 있고 꿰맬 때가 있으며 잠잠할 때가 있고 말할 때가 있으며 사랑할 때가 있고 미워할 때가 있으며 전쟁할 때가 있고 평화할 때가 있느니라 (전 3:1-8).

소설 속에서 칼 리에게 "죽일 때"(Time to Kill)는 그의 어린 딸이 성폭행을 당한 후라는 것을 암시한다. 앞 장에서는 복수하지 말라는 성경의 분명한 명령에 비추어 복수에 불타는 칼 리의 분노에 대해 설명했다. 원수 갚는 것은 하나님께 속한 것이다. 이것이 회개하지 않는 가해자를 대하는 첫 번째 원리인데, 앞에서 다루었던 두 번째 원리의 수준을 좀 더 격상시킨 것이다. 그리스도인은 전향적으로, 심지어는 원수에게까지도 사랑을 베풀도록 부름 받았다. 칼 리의 경우, 이는 그의 어린 딸을 겁탈한 범인까지도 사랑해야 한다는 의미다. 여기서 한 가지 더 생각해야 할 것이 있다면 그것은 정의에 관한 것이다. 로마서 12장 17-20절에서 말씀하는 대로 우리가 가해자에게 보복하지 않고 오히려 사랑을 베풀게 되면 악을 방치함으로써 사회정의를 무시했다는 비난을 받게 될지 모른다. 그러나 제 3의 원리가 이 질문에 대한 해답을 줄 것이다.

원리 셋: 회개하지 않는 사람을 용서하지 말고, 하나님의 진노하심에 맡기라.

> "아무에게도 악을 악으로 갚지 말고 모든 사람 앞에서 선한 일을 도모하라 할 수 있거든 너희로서는 모든 사람과 더불어 화목하라 내 사랑하는 자들아 너희가 친히 원수를 갚지 말고 하나님의 진노하심에 맡기라 기록되었으되 원수 갚는 것이 내게 있으니 내가 갚으리라고 주께서 말씀하시니라 네 원수가 주리거든 먹이고 목마르

거든 마시게 하라 그리함으로 네가 숯불을 그 머리에 쌓아 놓으리
라 악에게 지지 말고 선으로 악을 이기라"

　예수님은 제자들에게 사람이 용서를 구할 때마다 그를 용서해야 한다고 말씀하셨다(눅 17:3하-4). 그러나 용서를 구하지 않는 사람에게는 어떻게 반응해야 하는가? 자동적으로 용서해야 하는가? 이 경우 용서에 대한 성서적 정의는 회개라는 조건을 전제로 한다. 용서란 피해자가 회개한 가해자에게 은혜를 베풀어 그를 도덕적 책임에서 벗어나게 하고 그와 더불어 화목하게 지내겠다는 일종의 헌신이자 약속이지만, 그렇다고 모든 결과까지 면제된다는 것은 아니다.

　그리샴의 소설, '타임 투 킬'에서, 칼 리는 자기 딸을 성폭행한 사람이 회개하지 않았더라도 용서해 주어야 한다고 생각하는가? 그 대답은 '아니오'다. 사도 바울은 오히려 하나님의 때에 그분의 방법으로 정의를 이루실 것을 믿고 "하나님의 진노하심에 맡기라"(롬 12:19)고 했다. 이 구절에서 바울 사도는 신명기 32장의 모세의 말을 인용했는데, 모세는 하나님께서 정의를 이루신다는 것을 확신하고 진리로 기뻐하라고 이스라엘 백성을 격려했다.

　　그들이 실족할 그 때에 내가 보복하리라 그들의 환난 날이 가까우니 그들에게 닥칠 그 일이 속히 오리로다...너희 민족들아 주의 백성과 즐거워하라 주께서 그 종들의 피를 갚으사 그 대적들에게 복수하시고 자기 땅과 자기 백성을 위하여 속죄하시리로다(신 32:35, 43).

이 말씀을 요약하면, 하나님은 모든 사람을 용서하지 않으신다. 더욱이나 하나님께서는 "그 종들의 피를 갚으실 것"이라고 말씀하셨기 때문에 이를 믿고 안심하라는 것이다. 이는 결국, 회개하지 않는 가해자들은 지옥에 떨어지게 된다는 사실을 이해해야 한다는 의미이다. 이 진리는 철저하고 냉정하게 숙지해야 할 문제다. 누군가는 영원한 고통 속에서 영겁을 보낼 것이라는 성경적 진리를 배제시키고는 아무도 진정으로 용서할 수 없다. 이 사실을 쓰는 것만으로도 나는 몸서리쳐진다. 누가 지옥의 실체를 감히 생각할 수 있겠는가? 누군가가 십억 년 동안 고통을 당한 후에도 그 고통으로부터 해방되지 못한다면, 이것을 상상할 수 있겠는가? 만약 내게 권한이 주어진다면, 히틀러에게 단 10억년만 지옥에서 고통받게 하고 그 후에는 죽음으로 그 고통으로부터 벗어나게 해주겠다고 강단에서 말한 적이 있지만, 이것은 내 권한이 아니다.

사실 히틀러는 십억 년의 지옥형벌로도 그의 죄를 용서받기 어려운 대학살의 주범이다. 그러나 그와는 반대로 생전에 선한 사람이라 인정받던 누군가가 영원한 고통 속에서 영겁을 보내게 되리라는 생각이 문득 떠오른다.

이는 바로 바울이 로마서 12장 19절에서 언급했던 것이다. 지옥의 실체가 너무나 끔찍하기 때문에 바울이 성도들에게 보복하지 말라고 간절하게 권면하고 있는 것이다. 보복하는 일은 하나님의 몫이다. 디모데후서 4장에서 바울은 어떻게 하나님의 진노에 맡기라는 제 3의 원리를 준수했는지 그 실례를 소개하고 있다.

> 구리 세공업자 알렉산더가 내게 해를 많이 입혔으매 주께서 그 행한 대로 그에게 갚으시리니 너도 그를 주의하라 그가 우리 말을 심히 대적하였느니라 (딤후 4:14-15).

바울은 그의 행동을 용서하지 않았다. 도리어, 바울은 디모데에게 알렉산더의 행동에 대해서는 하나님이 갚으실 것이기 때문에 안심한다고 말하면서, 디모데에게 너도 알렉산더를 "주의하라"고 경고했다. 앞 장에서도 설명했듯이, 니켈 탄광마을의 아미쉬 공동체는 자기 딸들을 살해한 범인의 가족에게 사랑을 베풂으로써 하나님께 영광을 돌렸다고 나는 믿는다. 그런 끔찍한 상황에서도 그들은 사랑의 본을 보인 것이다. 그러나 그들의 행동이 악에 대해 그리스도인이 대응하는 한 모델로 널리 알려졌다는 점에서, 그들이 좀 더 균형 있는 반응을 할 수 있었더라면 하는 생각과 함께 아쉬움이 남는다.

내가 아는 한, 아미쉬 신도들은 하나님의 정의에 대해서는 전혀 언급하지 않았다. 처음부터 그들은 로버츠를 자동적으로 용서했다. TV 방송에서 한 아미쉬 여신도는 하나님께서 우리를 용서해 주시기를 바란다면, 우리는 로버츠를 용서해야 한다고 했다. 또 한 희생자의 할아버지는 "저지른 사람의 악은 생각지 말아야 한다"고 까지 말했다.

그리스도인이 증오심에 굴복하지 말아야 하는 것은 사실이다. 그러나 그리스도인은 하나님의 정의를 간과해서는 안 된다. 그리스도인은 악이 가장 창궐할 때 십자가를 가장 선명하게 제시해야 한다. 아미쉬 교파의 입장과 관련해서 이 책에서 그들과 심도 있는 토론을 벌릴 만큼의 여유는 없지만, 몇 가지 요점만 간단히 정리해 본다.

- 아미쉬 교파는 자기네 신도들은 조건적으로 용서한다. 교파의 지시를 위반한 신도를 멀리하면서 그가 끝까지 회개하지 않으면 공동체에 받아들이지 않는다.
- 아미쉬 교파는 지옥의 영원한 심판을 믿는다. 그런데 회개하지 않은 가해자를 용서한다고 말한다면, 이는 하나님도 가해자를 무조건 용서하신다고 믿는 셈이 된다.
- 아미쉬 교파는 복음전도에 열정적이지 않다. 니켈 탄광마을 사건과 같은 흔치 않은 사건이 아미쉬 교파의 신앙에 대한 세계의 이목을 집중시켰을지는 몰라도, 모든 민족에게 가서 제자 삼으라고 하신 예수님의 지상명령을 무시하는 그들을 이해하기 어렵다(마 28:18-10). 이같은 아미쉬 교파의 폐쇄적인 자세는 다른 사람을 믿음과 회개로 인도하는 일에 있어서 효과적이지 못하다.

❖❖❖

이 주제를 가지고 설교할 때마다 나는 항상 두 가지 질문을 받았다. 첫째, 용서에는 회개가 전제돼야 한다고 설교하면 어김없이 누군가는 "예수님도 자신을 십자가에 못 박은 사람들을 용서한 게 사실 아닌가요?"라는 질문을 제기한다. 그들은 누가복음 23장의 십자가 사건의 내용을 연상하는 것이다.

> 해골이라 하는 곳에 이르러 거기서 예수를 십자가에 못 박고 두 행악자도 그렇게 하니 하나는 우편에, 하나는 좌편에 있더라 이에 예수께서 이르시되 "아버지 저들을 사하여 주옵소서 자기들이 하는 것을 알지 못함이니이다" 하시더라 (눅 23:33-34).

그 질문에 대한 간단한 답은 '아니오'다. 예수님은 그들을 용서하지 않으셨다. 예수님은 자신을 십자가에 못 박은 사람들이 앞으로 용서받게 되기를 기도했던 것이지, 그들이 이미 용서받은 것을 하나님께 감사드린 것이 아니다. 그들이 이미 용서 받았었더라면 이런 기도는 필요 없었을 것이다.

현장에서 그들이 회개했더라면, 분명 예수님은 즉석에서 용서해 주셨을 것이다. 예수님은 죄를 용서할 권세를 가지고 계시다는 사실을 성경이 여러 곳에서 말씀하기 때문이다. 사실, 예수님이 사람들에게 그들의 죄가 사함을 받았다고 말씀하신 적이 있었다(눅 5:20-24; 7:49). 예수님과 함께 십자가에 매달린 두 행악자 중 한 사람은 회개했을 때, 예수님은 그 즉시 그를 용서하셨다. "오늘 네가 나와 함께 낙원에 있으리라"(눅 23:43). 예수님은 "나는 네가 용서받게 되기를 기도한다"고 말씀하지 않으셨다. 예수님은 그를 용서하셨다. 그리고 예수님의 용서는 새로운 관계를 약속해 주셨다. "오늘 네가 나와 함께 낙원에 있으리라"

자신에게 돌을 던지는 사람들을 향한 스데반의 기도는 예수님이 자신을 죽인 사람들을 위해 드린 기도와 매우 흡사하다.

> 무릎을 꿇고 크게 불러 이르되 주여 이 죄를 그들에게 돌리지 마옵소서 이 말을 하고 자니라 (행 7:60).

사도 바울의 중생을 스데반의 기도의 응답이라고 말하는 사람이 아마 내가 처음은 아닐 것이다. 스데반에게 돌을 던지는 사람들의 겉옷을 받아 들고 그 곁에 서 있던 바울은, 나중에 구원을 받았다. 그러나 다시 지적하지만, 스데반은 그에게 돌을 던지는 사람들에게 "내가 당신들을 용서한다"고 말하지 않았다. 다메섹 도상에서 회개하기 전에는 바울도 용서받지 못했다.

혹자는 성경 다른 구절에서는 예수님이 회개를 용서의 조건으로 삼지 않은 것 같다고 주장한다(마 6:12, 14-15; 18:21-22). 이 구절들에서 예수님이 회개의 조건을 뚜렷하게 언급하지 않으신 것은 사실이다. 그러나 항상 필수요건은 암시적이다. 마태복음 6장에서 예수님은 제자들에게 하나님께서 용서하신 것처럼 용서하라고 말씀하셨다. 여기서는 이것을 명백하게 언급하지 않으셨으나 다른 성경에서 보면 하나님의 용서가 확실히 조건적임을 알 수 있다. 마태복은 6장에서는 회개한 가해자만 용서해야 한다는 말을 다른 방식으로 바꾸어 하나님께서 용서하신 것처럼 용서하라고 반복해서 강조한다.

마태복은 18장 21-22절에서 예수님은 회개를 용서의 전제조건으로 명확하게 제시하지는 않으셨다. 그러나 용서의 조건적 본질이 문맥에서 확연하게 드러난다. 마태복음 18장 15-20절의 교회징계에 대한 가르침에서, 그리고 마태복음 18장 23-25절에서 이어지는 비유에서 예수님은 회개했을 때 용서받아야 한다고 말씀하신다. 그러므로 용서는 조건적이다. 유명한 개혁신학자 존 머레이는 이 진리를 다음과 같이 요약했다.

> 용서란 어떤 조건이 충족되었을 때, 주어지는 선물이다. 용서는 용서받아야 할 사람의 회개를 근거로 하는 것이다. 회개의 진가가 무엇인지를 올바르게 인식하지 못할 때, 우리는 자신을 매우 피폐하게 만들고, 우리가 형제들과 유지해야 할 관계를 손상시킨다.

여러 반론들

조건적인 용서는 비통함을 유도하는 것 아닌가?

혹자는 자동적인 용서가 비통함을 피하는 비결이라고 주장할 것이다. 이 주장은 용서의 정의를 다시 생각하게 한다. 자동적인 용서를 주장하는 사람들은 일반적으로 용서를 심리적으로나 치료적으로 정의한다. 그들은 비통함이나 원한 따위의 부정적인 감정을 피하는 유일한 방법이 용서라고 생각한다. 그러나 앞의 여러 장에 걸쳐서 왜 이 정의가 잘못된 것인지 그 이유를 누누이 설명했다. 성경은 항상 용서란 두 사람 사이에서 일어나는 것으로 설명한다. 전통적 이해와는 달리, 자동적 용서의 개념은 오히려 용서 자체가 비통함을 증폭시킨다고 나는 믿는다. 인간은 항상 정의라는 기준을 마음에 지니고 살아간다. 따라서 회개하지 않은 사람을 용서한다는 것은 정의와는 거리가 먼 방식으로 행동하고 있는 것이다. 우리의 마음 깊은 곳에서는 용서란 정의에 입각해서 이루어져야 한다고 생각한다. 그러면서도 우리에게 상처를 준 사람이 하나님의 진노를 당할 일을 생각하면, 그들을 향해 진정한 사랑과 연민을 느끼게 된다.

딸들을 잃고 슬퍼하는 아미쉬 가족들이나 911 테러 희생자 가족 그리고 콜롬비아 참사로 고통을 당한 가족들을 떠올릴 때마다 성경은 이 사건에 관련된 모든 사람들은 하나님께서 범인들을 정의롭게 처리하실 것임을 믿어야 한다고 가르친다. 보복은 하나님께 속한 것임을 기억할 때 비로소 복수하고 싶은 유혹을 물리칠 수 있는 것이다. 스스로 보복하려는 사람들은 결국 하나님의 역할을 부정하는 셈이다. 그러나 하나님께서 정의를 꼭 성취하시리라는 사실을 기억할 때, 우리는 복수하고 싶은 유혹을 덜 받게 될 것이다.

그리스도인은 모든 사람에게 은혜를 베풀어야 한다. 또한 용서받으려는 사람은 누구든지, 그들의 과실은 개의치 말고, 받을 수 있게 해주어야 한다. 용서받기 위해서는 그가 회개해야 한다는 사실을 알려주는 것이다.

스캇과 제넷 윌리스 부부: 화염을 통과한 은혜

1994년 11월 8일, 스캇과 제넷 윌리스 부부는 미니밴에 여섯 명의 어린 자녀를 태우고 I-94번 고속도로를 따라 밀워키 지역을 통과하고 있었다. 두어 시간 전에 시카고에서 출발한 후 얼마동안 그들은 함께 노래를 부르고 깔깔거리면서 즐거운 시간을 보냈다. 그리고 주유소에 들려 가스를 채우고는 아이들에게 좀 자라고 했다. 그런데, 그 날 큰 아이들 셋은 동행하지 않았다.

사고 후 간신히 기운을 차린 스캇 윌리스는 11월의 그날 I-94번 고속도로 상에서 벌어진 일을 다음과 같이 설명했다.

"도로를 둘러 본 나는 긴장했다. 우리 바로 뒤에는 어린 아기가 있었고 아들 벤은 우리 뒤편 옆 좌석에 앉아있었다. 그리고 나머지 네 아이들은 뒤쪽에 타고 있었는데 모두 안전벨트를 매고 있었다. 그 순간 큰 쇳덩어리 하나가 언뜻 눈에 들어왔다. 트레일러 트럭에서 빠져나온 받침대 같았다. 우리 앞을 달리던 차가 차선을 벗어나 있었기 때문에 순간 앞에 있는 그 쇳덩어리에 부딪치지 않고는 차가 통과할 수 있는 방법이 없다는 것을 깨달은 순간, 자동차 타이어가 쇳덩어리에 부딪히면 차가 굴러 떨어질지 모른다는 생각이 스쳤다. 그것은 아주 순간적인 판단이었다.

결국 우리 차가 그 쇳덩어리와 부딪혔고 나는 도저히 차를 제어할 수가 없었다. 이어 뒤에 있는 가스탱크가 폭발했다. 나는 핸들을 붙잡고 차가 미끄러지지 않게 하려고 죽을힘을 다했지만 좌석 주위에서는 이미 불꽃이 튀어 올라왔다. 순간 나는 당황했다.

"이게 뭐지?" 양쪽 옆에서 심한 불꽃이 활활 타오르고 있는 것이 아닌가. 나는 차 밖으로 나가려고 고함을 질렀다. 아내와 나는 좌석벨트를 풀고 화염 속에 손을 집어넣었고 겨우 자동차 앞문 손잡이를 찾아냈다.

차가 미끄러지는 동안 아내 제넷은 차문 밖으로 나가 떨어졌다. 아들 벤도 불타고 있는 차 속에서 겨우 밖으로 뛰쳐나왔지만, 아이의 옷은 물론이고 몸도 거의 다 타버린 상황이었다.

　잠들어 있던 나머지 다섯 아이들은 그 자리에서 즉사했다. 아내와 나는 차 밖으로 나오려고 사투를 벌이는 통에 아무 소리도 듣지 못한 것이다. 그때 사건 현장에 있던 낯선 한 남자는 벤의 화상을 입으로 빨아주려고 그의 셔츠를 벗겼고, 또 다른 사람은 아내가 입은 옷에 불이 붙은 것을 보고 손으로 두들겨 끄고 있었다. 하지만 응급실로 옮겨진 벤은 그날 자정쯤 숨을 거두고 말았다."

하마터면, 이 사고는 더 비참할 수도 있었다. 아이들이 즉석에서 죽었다는 사실에 그들은 오히려 위로가 되었다. 그런데 몇 달 후, 아이들이 차 밖으로 나오려고 애쓴 흔적이 있었다는 사실을 알게 되었다. 간호사는 벤이 병원에 왔을 때까지는 의식이 있었다고 말했다. 벤이 간호사에게 자기 손을 잡아달라고 했는데 손에 화상이 너무 심해서 잡을 수가 없었다고 전하며, 그는 여직원에게 함께 기도해 달라고 했다.

그런데 윌리스 부부는 당시 현직 국무장관이면서 차기 일리노이 주지사였던 죠지 리안 수하에서 부정부패가 판을 치고 있었는데, 이 트레일러트럭 운전사 역시 불법운전면허를 취득했다는 사실을 알게 되었다. 면허 발급기관들이 뇌물을 받고 무자격 운전자들에게 면허를 발급해 준 것이다. 이 뇌물의 일부가 리안의 선거자금으로 사용되었다. 얄궂게도 제넷은 바로 사건 당일 아침, 투표장에 가서 리안에게 표를 찍었던 것이다. 사건이 있던 날 아침, 다른 운전사들이 그 불법운전사에게 여러 차례 그의 트럭 뒤에서 커다란 금속판이 떨어질 것 같다고 알려주었지만 그는 그 경고를 무시했다고 한다.

이 사실을 알게 된 스캇과 제넷 윌리스는 불법면허에다가, 동료들의 경고를 무시한 그 운전사를 어떻게 해야 할지 결정해야만 했다. 그리고 자녀들의 죽음에 간접적인 책임이 있는 그 부도덕한 정치인들을 어떻게 다루어야 할지도 결정해야 했다. 격분한 그들은 보복하려 했을 수도 있고, 무자격 운전자에게 뇌물을 받고 운전면허를 발급해준 그 정치인들을 증오할 수도 있었다. 아니면 자동적으로 용서해줌으로 잘못된 행동을 방치했다는 비난을 받을 수도 있을 것이다. 이 같은 몇 가지 극단적인 가능성 중 하나를 택하는 대신, 윌리스 가족은 로마서 12장의 원리를 실천하기로 했다. 이것은 최근에 제넷이 지방법원에 보낸 편지에서 확실히 알 수 있다.

> 남편과 나는 비탄 속에서 우리를 지켜 주시고 또 우리가 하나님께 신실하도록 도와 달라고 기도했습니다. 우리는 상황에 불평하기보다는 하나님께 영광을 돌리려고 애썼습니다. 그러나 살다보면 말해야 할 때가 있는 법이지요. 내가 이 말을 하는 것은 오직 정의가 세워짐으로 악이 예방될 것을 믿기 때문입니다. 저는 "하나님께서 땅에서 심판하시는 때에 세계의 거민이 의를 배움이니이다 악인은 은총을 입을지라도 의를 배우지 아니하며 정직한 자의 땅에서 불의를 행한다"는 말씀을 깨달았습니다.

스캇 윌리스는 아내의 편지 뒷부분에 자신의 생각을 다음과 같이 덧붙였다.

아내와 나는 평범한 보통 사람입니다. 권세 있는 사람도, 힘 있는 사람도 아닙니다. 그간 우리 벤과 죠셉, 사무엘, 행크, 엘리자벳, 피터는 다른 또래 아이들과 마찬가지로 말수는 적지만 활발한 아이들이었고 우리에게는 더할나위 없이 큰 기쁨이었습니다. 사내 아이들은 책읽기와 스포츠를 좋아했지요. 그리고 엘리자벳은 그림자처럼 엄마를 졸졸 따라다녔고, 인형을 보살피며 엄마 노릇을 하기도 했죠. 우리 부부는 이 사랑스러운 아이들이 너무나 그립습니다. 그러나 우리는 절망하지 않습니다. 그리스도 안에서 하나님의 약속을 믿으며 살아가고 있습니다. 1994년 11월 8일의 사건 이후로 벌써 12년이 지났습니다. 아직도 아픔은 남아 있지만 많이 회복됐습니다. 제넷과 나는 비통함이나 원한이 없게 해 달라고 기도하고 있습니다.

그러나 종종 억울하고 답답한 감정이 불쑥불쑥 치밀어 오를 때가 있었지만 우리 마음을 빼앗거나 사로잡지는 못했습니다. 그것이 제가 이 편지를 쓰게 된 동기는 더 더욱 아닙니다. 그리고 우리의 관심은 형벌이 아닙니다. 그것은 법정이 결정할 문제입니다. 그러나 진짜 비극은 죠지 리안과 우리 사이에 아직도 화해가 이루어지지 않았다는 사실입니다. 아내와 저는 리안 주지사를 용서하기를 진심으로 원합니다. 그러나 이는 정직이라는 기초 위에 세워져야 합니다. 심지어, 여섯 살짜리 아이도 자기가 잘못했을 때는 진심으로 미안해하고 그것을 인정해야 한다는 것을 압니다. 그럴 때 너그럽게 용서와 자비가 베풀어지는 것입니다. 이렇게 되는 것이 우리의 기쁨이고 바람입니다.

윌리스 가족이 로마서 12장 9-10절의 원리를 어떻게 실천했는지 주목하라.

그림 12-1 월리스 부부와 용서

용서의 원리	월리스 가족의 원리 실천방법
원리 1: 보복하지 않기로 결심하라.	"남편과 나는 하나님께, 비탄에서 우리를 지켜 주시고 우리로 하여금 하나님께 신실하도록 도와 달라고 기도했고, 하나님은 그렇게 하도록 도와 주셨습니다." "제넷과 나는 비통함이나 원한이 없게 해달라고 기도하고 있습니다. 사실, 종종 억울하고 답답한 감정이 불쑥불쑥 치밀어 오를 때가 있었지만 우리 마음을 빼앗거나 사로잡지는 못했습니다. 그리고 그것이 이 편지를 쓰게 된 동기는 더 더욱 아닙니다."
원리 2: 사랑으로 은혜를 베풀라	"그러나 진짜 비극은 죠지 리안과 우리 사이에 아직도 화해가 이루어지지 않았다는 사실입니다. 아내와 저는 리안 주지사를 용서하기를 진심으로 원합니다. 그러나 이는 정직한 기초 위에 세워져야 합니다. 심지어, 여섯 살짜리 아이도 자기가 잘못했을 때는 진심으로 미안해하고 그것을 인정해야 한다는 것을 압니다. 그럴 때 너그럽게 용서와 자비를 베풀 수 있게 되는 것입니다. 이렇게 되는 것이 우리의 기쁨이고 바람입니다."
원리 3: 회개하지 않은 사람은 용서하지 말고 하나님께 맡기라.	"그러나 살다보면 말해야 할 때가 있는 법입니다. 내가 이 말을 하는 것은 오직 정의가 세워짐으로써 악이 예방될 것을 믿기 때문입니다. 저는 '하나님께서 땅에서 심판하시는 때에 세계의 거민이 의를 배움이니이다 악인은 은총을 입을지라도 의를 배우지 아니하며 정직한 자의 땅에서 불의를 행한다'(사26:9-10)는 말씀을 깨달았습니다."

결론

로마서 12장 17-21절은 악에 대해 어떻게 반응해야 할 것인지를 가르쳐 준다. (1) 보복하지 않기로 결심하라. 스스로 마음에서 보복을 시연하지 않도록 하라. (2) 원수에게 사랑으로 은혜를 베풀어라. 사랑과 은혜는 자격이 있어 받는 것은 아니지만, 모든 사람, 심지어는 당신의 가족을 살해한 사람과도 화목하게 살아가려면 무엇을 해야 할지를 생각하라. (3) 회개하지 않는 사람을 용서하지 말고 하나님의 진노에 맡기라. 하나님께서 모든 악행을 공의로 다스릴 것이다. 그리스도를 모르는 사람들이 영원한 지옥에서 영겁을 보낼 것을 생각할 때, 비로소 끔찍한 상황 가운데서도 비통함과 원망을 넘어 연민으로 나아갈 수 있다.

그리샴의 소설에 등장하는 칼 리가 자기 딸을 겁탈한 사람들에게 보복하지 말아야 한다고 말하는 것은 받아들이기 힘든 요구일지 모른다. 그러나 그것은 감정적인 수준이다. 우리 주님의 모범을 기억하라. 지금 이 글을 성 금요일과 부활절 사이의 토요일에 쓰고 있다. 그러면서 모든 그리스도인에게 주님의 본을 따르라는 사도 베드로의 권면을 생각한다.

> 이를 위하여 너희가 부르심을 받았으니 그리스도도 너희를 위하여 고난을 받으사 너희에게 본을 끼쳐 그 자취를 따라오게 하려 하셨느니라 그는 죄를 범하지 아니하시고 그 입에 거짓도 없으시며 욕을 당하시되 맞대어 욕하지 아니하시고 고난을 당하시되 위

협하지 아니하시고 오직 공의로 심판하시는 이에게 부탁하시며 친히 나무에 달려 그 몸으로 우리 죄를 담당하셨으니 이는 우리로 죄에 대하여 죽고 의에 대하여 살게 하려 하심이라 그가 채찍에 맞음으로 너희는 나음을 얻었나니 (벧전 2: 21-24).

주님은 보복하지 않으셨다. 오히려 자신을 죽인 사람들이 용서받기 위해 기도하셨다. 주님은 공의로 심판하시는 하나님께 자신을 위탁하셨다. 그분은 말씀이 육신이 되시어 우리가 악에게 어떻게 반응해야 하는지를 친히 보여주셨다 (요 1:14).

토론을 위한 질문

- 회개하지 않는 가해자를 대하는 세 번째 원리는 무엇인가?
- 이 원리를 실천하지 못할 때 어떻게 전도의 근간을 흔드는가?
- 지옥에 대한 성경의 가르침이 어떻게 우리로 하여금 비통함을 피할 수 있게 하는가?
- 데살로니가후서 1장을 읽으라. 왜 바울은 데살로니가 성

도들을 자랑한다고 했는가?
* 바울은 고통 가운데 있는 데살로니가 사람들을 어떻게 위로하려고 했는가?
* 그리스도인은 하나님의 진노에 맡겨야 한다고 사도 바울은 강조했다(롬 12:19).
* 어떻게 할 때 우리는 이 원리를 잘못 적용하거나 또는 전후 문맥과 상관없이 이해하게 되는가?
* 론과 수는 그리스도인이다. 그들의 외아들 브렛은 교통사고로 목숨을 잃었다. 이 사고는 술취한 운전사의 과실치사로 판결이 났지만, 그 운전사는 끝까지 책임을 부인한다. 론과 수는 자기 아들을 죽이고도 회개하지 않는 이 사람에게 지금 어떤 연민도 없다고 말한다. 이 부부에게 당신은 무슨 말을 해주겠는가?

제 13 장
비통함을 어떻게 극복할 수 있을까?

악을 행하는 자들 때문에 불평하지 말며 불의를 행하는
자들을 시기하지 말지어다 (시 37:1).

장차 하나님의 정의는 반드시 구현되고 만다는 확신이 오늘날의 잘

못된 사랑으로부터 우리를 자유롭게 해준다.

존 데이

비통하고 싶어 애쓰는 사람은 하나도 없다. 또한 우리는 다른 사람이 비통하기를 부추기지도 않는다. 비통함은 좋은 것이 아니라는 데에는 모든 사람이 다 수긍 할 것이다. 용서에 대해 논할 때도 사람들은 이 평범한 논리를 따르려 한다. 자동적으로 용서하는 것은 옳지 않은 일이라고 가르칠 때마다, 어떤 사람은 "만약 상대방의 잘못을 무조건 용서하지 않으면 그들은 비통해할 것입니다"라고 말한다.

　물론, 비통함은 나쁜 것이다. 그러나 조건적 용서(자동적으로 용서하는 것이 아닌)가 늘 비통함을 낳는 것이 아니다. 이미 언급했듯이, 우리는 무조건 모든 사람을 용서하지는 않지만 그들에게 용서를 베푸시는 하나님의 모범은 따라야 한다.

그런데 이 장의 요지는 비통함은 페스트와 같은 무서운 전염병처럼 피해야 한다는 것이다. 그럼에도 불구하고 비통해 하는 사람이 우리 주변에 얼마나 많은지 모른다. 비통함이 꼭 나쁘지는 않다는데 내가 동의하는 한 가지 이유는, 그것이 사람에게 영향을 끼치기 때문이다. 뭔가 못 마땅해서 지나가던 개한테 발길질하는 사람, 집 뜰을 여기저기 파헤치는 아이들한테 호통 치는 사람, 또 교회사무회의 중, 하찮은 문제로 얼굴을 붉히며 큰소리 내는 사람, 이런 사람들을 우리는 다 알고 있다. 이들 대부분은 직장에서도 냉소적이다. 그들은 자신이 받은 축복에 감사할 줄도 모르고 또 다른 사람의 성공을 기뻐하지도 않는다.

그러나 연약한 사람을 위협한다거나 뜰에 불 지르는 일들을 하지 않는다고 해서 지나친 자기 의에 빠질 것이 아니라, 아무리 작을지라도 비통함은 나쁘다는 사실을 우리는 기억해야 한다. 대부분의 사람들은 불의 때문에 속상해 하고 분개했던 경험들을 다 갖고 있다. 그것이 바로 비통함으로 발전하게 되는 것이다.

중학생 때였다. 친구들과 함께 수은이라는 화학물질을 처음 알게 되었는데 그 시간을 정말 통제하기가 쉽지 않았다. 우리는 과학실에 비치된 화학약품 보관용 캐비넷을 손쉽게 사용할 수 있었다. 그 시간에 우리 반은 또 다른 화학물질을 실험하게 돼있었는데, 수은이 단연 인기였다. 수은은 대단한 고밀도 물질이라서 아주 작은 통에 적은 양이 들었는데도 꽤나 무거웠다. 반짝거리는 것이 마치 액체 알루미늄 호일 같았고 또한 표면장력이 매우 강했다. 종이 위에 올려놓고 굴릴 수도 있고 작은 물방울처럼 쪼갰다가 다시 합칠 수도 있어 마치 장난감같았다. 그래서 우리 모두는 수은을 조금씩 챙겨뒀다가 노는 엉뚱한 행동들을 했다. 화학 전공생이면서도 한참 후에야 나는 수은이 굉장히 유독하다는 사실을 알게 되었다. 수은이 인체에 들어가면, 뇌로 들어가 사람을 미치게 만든다. 위키피디아 백과사전은 수은의 독성에 대해 다음과 같이 설명한다.

> 수은은 중추신경 조직과 내분비 조직, 신장 및 다른 기관들을 손상시키고, 또 구강과 잇몸, 치아에 악영향을 끼친다. 수은 증기에 장시간 심하게 노출되면 뇌에 손상을 입을 수 있고, 심한 경우 죽음을 초래할 수 있다.

비통함은 마치 수은과 같다. 그래서 그것을 가지고 놀고 싶도록 우리를 유혹한다. 어떤 때는 우리가 당한 부당한 대우 때문에 그리고 정의가 과연 이 세상에서 실현될 수 있는지에 대해 생각을 거듭하면서 가슴 답답해 할 수도 있다. 마음속에서 이 비통함을 이리저리 굴리다 보면 얼마만큼은 주머니 속으로 미끄러져 들어가게 된다. 그러면서 그 비통함을 우리 뼈 속까지 침투하게 했으니, 우리는 정말 어리석은 자들이다(잠 14:30). 따라서 이 비통함을 우리는 즉시 처리해서 없애 버려야 한다. 그리고 그 처리 방법을 찾을 수 있는 곳이 바로 성경이다. 시편 73편에서 아삽은 비통함과의 싸움에 대해 고백하고 있는데 우리는 그 말씀을 통해 비통함이 어떻게 작용하는지를 그리고 그것을 어떻게 이길 수 있는지를 깨닫는데 큰 도움을 얻을 수 있다.

만일 당신이 지금 비통함으로 고전하고 있다면, 하던 일을 다 제쳐

놓고 시편 73편을 네다섯 번 연속해서 읽어라. 그런 다음 비통함은 어떤 것이며 아삽은 어떻게 비통함을 극복했는지에 대한 답을 찾아보기 바란다.

비통함을 극복하는 방법을 알라.

첫째, 하나님의 정의를 기다리고 그의 섭리를 신뢰하라.
비통함의 천성은 불평하는 것이다. 즉 "공평하지 않다"는 것이다. 이것이 시편 73편에 나오는 아삽(Asaph)의 씨름에 관한 첫 불평이다. 그는 악인이 잘 풀리는 것처럼 느꼈다. 그래서 그는 "이는 내가 악인의 형통함을 보고 오만한 자를 질투 하였음이로다"(3절)라고 고백했다. 이처럼 아삽은 모든 것이 불공평하다는 생각을 오랫동안 마음에 담아두고 있었다.

> 그들은 죽을 때에도 고통이 없고 그 힘이 강건하며 사람들이 당하는 고난이 그들에게는 없고 사람들이 당하는 재앙도 그들에게는 없나니 그러므로 교만이 그들의 목걸이요 강포가 그들의 옷이며 살찜으로 그들의 눈이 솟아나며 그들의 소득은 마음의 소원보다 많으며 그들은 능욕하며 악하게 말하며 높은 데서 거만하게 말하며 그들의 입은 하늘에 두고 그들의 혀는 땅에 두루 다니도다 (4-9절).

당신도 이런 입장에 처해 봤는가? 어떤 일이 얼마나 불공평했는지 두고두고 못마땅하게 생각했던 적이 있는가? 악인의 형통을 생각할수록 아삽은 더욱 더 화가 치밀었다. 그래서 그는 하나님을 영화롭게 하는 것이 진정 가치 있는 일인지를 의심하기 시작했다. "내가 내 마음을 깨끗하게 하며 내 손을 씻어 무죄하다 한 것이 실로 헛되도다"(13절). 아삽은 노골적으로 "하나님을 위해 살려고 애썼지만 나한테는 되는 일이 하나도 없어"라고 불평하고 있는 것이다.

부당한 대우를 받아왔다는 사실을 아는 것이 잘못은 아니다. 부당한 처우에 우리가 어떻게 대처해야 하느냐는 것이다. 여기에 잘못 대처하는 사람은 비통하게 된다. 에서야 말로 비통함에 대한 대표적 예(히 12:15-17)라 할 수 있으며, 그래서 그는 인생이 공평하지 않다고 불평했던 사람이다(창 27:36-38). 에서로서는 그럴 만했다. 그의 어머니는 쌍둥이 동생 야곱을 편애했는데, 그것이 그에게는 엄청난 아픔이었다. 상황을 더 악화시킨 것은 부친은 반대로 에서를 편애했다는 것이다(창 25:28). 이 같은 부모의 부당한 대우 뿐 아니라, 에서는 쌍둥이 동생의 속임수로 장자권과 축복까지 빼앗긴 것이다(창 25-27).

에서는 이 같은 인생의 불공평함에 대해 어떻게 반응했는가? 그는 비통함에 굴복하고 말았다. 그래서 그는 부모님을 괴롭히기 위해 이방 여인과 결혼했으며, 동생을 죽이기로 맹세했고, 부모에게 커다란 슬픔을 안겨주었다(창 27: 41; 28:6-9). 물론 부모가 에서를 편애한 것이 에서의 책임은 아니었지만 결국 그는 비통함을 택하여 고통의 삶을 살 수밖에 없었다.

이 문맥에서, 우리는 중요한 통찰력을 발견한다. 비통함이 부당함에 대한 잘못된 반응이라면, 그 비통함을 극복할 수 있는 방법은 부당한 취급을 받을 때에는 비통함을 느끼게 된다는 사실을 인식하는 것이다. 그러므로 당신이 어떤 불공평한 취급을 받았는지를 생각해보라. 그러면 과거의 어떤 부당한 경험 때문에 당신이 아직까지도 그 비통함으로부터 헤어나지 못하는지를 발견하게 될 것이다.

- "내가 회사를 위해 얼마나 열심히 일했는데, 승진에서 나를 탈락시키다니 말도 안돼!"
- "어떻게 아버지가 나보다 동생에게 더 많은 유산을 남기실 수 있단 말인가?"
- "여동생 때문에 내가 밀렸어. 난 결코 용서할 수 없어. 이건 불공평해!"
- "우리 부모가 내 인생을 망쳤어!"
- "불신자들, 아니 다른 교인들이라면 몰라도 담임 목사란 사람이 내게 이럴 수는 없지!"

비통함이란 근본적으로 불공평한 사실이나 불공평하다는 느낌에 대한 죄악된 반응이다. 어쩌면 당신은 이렇게 말할지 모른다, "나 지금 비통해지기 일보직전이라는 거 나도 알아. 그렇지만 어떻게 내가 그것을 지나칠 수 있겠어? 이용당했다는 생각을 어떻게 떨쳐 버릴 수 있는 거냐구! 어떻게 기만당했다는 걸 내가 잊을 수 있단 말이야? 말도 안돼!"

이 점에 대해 아삽이 우리에게 답을 제시해준다. 아삽이 자신에 대한 집착과 인생을 쉽게 살아가려는 악한 사람들의 부당함에 대한 불평을 멈추고 하나님께 집중하기 시작했을 때, 그 전환점이 시작되었다는 것이다.

> 하나님의 성소에 들어갈 때에야 그들의 종말을 내가 깨달았나이다 주께서 참으로 그들을 미끄러운 곳에 두시며 파멸에 던지시니 그들이 어찌하여 그리 갑자기 황폐되었는가 놀랄 정도로 그들은 전멸하였나이다……. 무릇 주를 멀리하는 자는 망하리니음녀 같이 주를 떠난 자를 주께서 다 멸하셨나이다 (17-27절).

이 말씀을 통해 아삽이 하나님께 집중했을 때 비로소 그는 주께서 그분의 때에 악인을 다루신다는 것을 깨닫게 된다. 이처럼 아삽은 하나님의 정의로 인해 위로를 받는다. 그러나 악인은 그것을 피할 수 없다. 하나님은 정확한 분이시며 항상 옳게 행하시기에, 악한 사람들을 분명히 처벌하신다. 따라서 누군가가 당신에게 잘못을 저질렀다면, 하나님이 그 문제를 분명히 처리하시리라는 것을 확신해야 한다. 이 사실에 위로를 받으라.

이처럼 믿는 자는 하나님이 악인을 직접 다루신다는 사실을 확신할 때 비로소 비통함으로부터 해방될 수 있다고 성경은 수많은 구절을 통해서 증언하고 있다. 잠언 24장 19-20절은 다음과 같이 기록했다.

> 너는 행악자들로 말미암아 분을 품지 말며 악인의 형통함을 부러워하지 말라 대저 행악자는 장래가 없겠고 악인의 등불은 꺼지리라

구약 신학자 브루스 월트케는 이 말씀을 "마음속에 행악자의 등불을 끌 때, 타오르던 질투의 불꽃이 사그라들 것이다"라고 요약했다. 이것이 바로 내가 자동적 용서의 교리를 잘못된 것이라 믿는 이유 중 하나다. 회개와는 상관없이, 자동적으로 용서해야 한다는 가르침은 우리를 하나님의 정의로부터 멀어지게 한다. 이는 분명히 성경의 가르침에 역행하는 것이다. 존 파이퍼는 이에 대해 다음과 같이 기술한다.

> 내가 신약에서 발견한 사실은, 하나님이 친히 가해자들을 보복하시기 때문에 우리가 직접 대응할 필요가 없다는 약속을 믿는 것이 비통함과 복수심을 극복하는 강력한 비법이라는 것이다.

여기서, 우리는 하나님의 정의에 대한 확신이야말로 하나님의 섭리를 단단히 붙잡는 것과 직결된다는 사실을 깨달아야 한다. 신학자들은 섭리라는 말을 하나님이 직접 역사(歷史)에 개입하셔서 모든 것이 그의 목적을 이루도록 함께 역사(役事)하시는 것이라고 설명한다. 바울 사도는 로마서 8장 28절에서 "우리가 알거니와 하나님을 사랑하는 자 곧 그의 뜻대로 부르심을 입은 자들에게는 모든 것이 합력하여 선을 이루느니라"고 했다. 하나님은 위대한 분이시기 때문에 사람들이 저지르는 악을 직접 통제하신다. 이는 하나님께서 그의 목적을

이루시기 위해 그의 백성을 향한 악한 의도들을 대신 처리하신다는 뜻이다.

따라서 당신이 지금 비통함과 씨름하고 있다면, 오직 영광스러우신 우리 하나님께 집중하라. 하나님의 섭리를 음미하라. 그는 모든 것을 정확히 통제하시는 분이시다. 그러니 그에게는 부당함이 없으시다. 비통함은 우리가 불공평한 취급을 받았을 때 생겨나는 것이기 때문에 하나님이 정의를 이루실 것을 믿는다면, 또한 하나님께서 모든 것이 합력하여 선을 이루게 하실 것을 믿는다면, 우리는 이 비통함을 물리칠 수게 있을 것이다. 드렉 키드너(Dereck Kidner)는 다음과 같이 기발하게 요약했다.

> 원수에 대한 강박관념은 쉽사리 끊어낼 수 있는 것이 아니다. 그러나 새로운 대상에 집중하고 주님께만 몰입할 때 분명히 떨쳐낼 수 있음을 유념하라.

정의를 이루기 위해 독생자까지 십자가에 내어주신 하나님을 당신은 의심하는가? 하나님께서 최후에 정의를 실현하시리라는 것을 의심하는가? 말씀으로 만물을 존재케 하시고 당신의 머리털을 계수하시며, 당신이 어디에 살지 그 때와 장소를 정하시는 하나님을 의심하는가? 모든 것을 당신의 유익을 위해 역사하실 하나님을 의심하는가?

아삽은 더없이 솔직한 사람이다. 그가 하나님을 향한 비통함을 어떻게 토설하고 있는지 살펴보자. "내가 이같이 우매 무지함으로 주 앞에 짐승이오나"(시 73:22). 우리는 비통함을 감정에 속하는 것으로 생각하지만 비통함은 머리에서부터 시작된다. 그 다음에 우리를 정신적으로 파멸시키고 우리의 명쾌한 사고능력을 마비시킨다. 비통함을 느끼는 사람들은 다른 사람의 말을 듣지 않는다. 그래서 아삽은 비통함 속에서 자신은 "우둔하고 무지하다"고 고백했다.

동생 아벨을 죽인 가인을 기억하는가? 그의 이야기는 성경을 통틀어서 가장 비참한 이야기 중 하나다. 마치 하나님이 가인에게 이유를 추궁이나 하는 듯이, 죄가 그의 집 문에 웅크리고 있었다(창 4:7). 그러나 가인은 너무도 우매하고 무지했다. 그는 듣기를 거부했고 자신이 부당하게 취급받았다고 믿었기 때문에 화가 났다. 비통함과 싸우고 있는 사람들은 자신의 감정을 설명할 때 비통함이란 말을 사용하지 않는다. 그 대신 자신이 얼마나 심하게 상처 받았는지를 역설하면서 "나는 다시는 그런 사람 근처에 절대 갈 수 없을거야"라고 단언한다.

그러나 이 같은 생각은 하나님에 대한 신뢰를 저버린 채 스스로가 쳐 놓은 바리케이트에 의존하는 것이다. 그들은 상처 위에 보호막으로 굳은살을 붙여놓은 채 그 상처를 스스로 진단하고 자기가 스스로를 보호해야 한다고 믿는다. 사고하는 모든 과정과 상황판단이 왜곡된 것이다.

둘째, 지혜로운 사람의 말을 들으라.

비통함을 느끼기 시작하면서 자신이 부당한 취급을 받은 것을 알게 되면 상황을 객관적으로 판단할 수 있는 능력을 상실하게 된다. 이때쯤이면 지적능력이 부정확한 정보를 입력할 가능성이 매우 높기 때문에 자신의 사고방식과 생각으로 속단하면 파멸할 수밖에 없다. 그러니 이쯤 되면, 속히 담임 목사나 장로, 아니면 매우 신실한 분과 만나 상담할 필요가 있다. 잠언 19장 20절은, "너는 권고를 들으며 훈계를 받으라 그리하면 네가 필경은 지혜롭게 되리라"고 했다.

최근에 나는 어린 소녀가 직면하기엔 최악의 고통을 당했던 리사(가명)라는 여인을 만났다. 그녀의 아버지는 악한 사람이었다. 여러 해가 지난 지금도 이 소녀는 비통함에 시달리고 있었다. 물론 나는 그 이유를 알고 있다. 그녀가 해야 할 일은 마음을 다부지게 먹고 자신을 과거의 아픔과 기억에서 단절시키는 것이다. 그러나 그것이 하나님 앞에 잘못됐다는 것 그리고 그녀의 결혼생활과 자녀들에게 해가 되리라는 것을 그녀는 알고 있다. 그녀의 싸움이 끝나려면 아직도 갈 길이 멀다. 그러나 나는 그녀가 이 비통함을 앞으로 1년 안에 극복하리라 믿는다. 내가 이렇게 낙관하는 이유는 그녀가 열린 마음으로 상담을 받고 있기 때문이다. 예전에 상담을 하면서, 나는 그녀에게 "자매님은 지금 하나님보다 자신이 쳐놓은 바리케이트를 더 신뢰하고 있습니다"라고 말았다. 물론 부드럽게 한 말이었지만 듣기가 무척 거북했을 것이다. 그럼에도 그녀는 그 말을 들었고, 그것을 수용하고, 따르기로 눈물겹게 결단했다.

셋째, 당신 자신과 가까운 사람들을 위해 하나님의 축복을 구하라.
비통함은 관련된 모든 사람을 해친다. 시편 73편 15절은 이렇게 말하고 있다. "내가 만일 스스로 이르기를 내가 그들처럼 말하리라 하였더라면 나는 주의 아들들의 세대에 대하여 악행을 행하였으리이다." 이 말씀은 시편 73편을 읽으면서 그냥 지나치기 쉬운 구절이다. 현대인이 이해하기에 쉽지 않은 식으로 쓰여진 것 같다. 그러나 이 진리는 시편 전편에서 가장 중요한 경고 중 하나이며 모든 독자들에게 보편적으로 적용되는 말씀이다. 이 말씀을 선포하고 실천함으로써 비통함과의 싸움에서 승리하게 될 것이다.

아삽의 요지는, 비통해하는 것은 가족을 배신하는 일이며, 이는 육신의 가족뿐 아니라 하나님의 백성까지 배신한다는 의미이다. 비통해하는 사람들은 그들과 가장 가까운 사람들을 배신한다. 에서의 경우로 돌아가 보면, 이는 바로 히브리서 12장의 경고인 것이다.

> 너희는 하나님의 은혜에 이르지 못하는 자가 없도록 하고 또 쓴 뿌리가 나서 괴롭게 하여 많은 사람이 이로 말미암아 더럽게 되지 않게 하며 음행하는 자와 혹 한 그릇 음식을 위하여 장자의 명분을 판 에서와 같이 망령된 자가 없도록 살피라 (15-17절).

비통함의 뿌리는 비통함을 느끼는 본인의 인생뿐만 아니라 다른 사람들의 삶도 피폐하게 만들 수 있다. 이미 언급한 바와 같이, 시편 73편에서의 전환점인 17절은 바로 아삽이 하나님께 집중하기 시작한 시점이다. 그러나 비통함을 계속 품고가면 자신이 다른 사람들의 삶을 피폐하게 만들 것이라는 사실을 인정하게 되면서 15절에서 그는 전환점으로 가는 모퉁이를 돌아서기 시작한다. 당신이 당한 부당함에 계속 집착하면, 당신은 많은 다른 사람들의 인생까지 훼손시킨다는 것을 기억하라.

한 번은 우리 교회에 대해 의문이 있다는 한 부인이 내게 전화를 해서 그의 딸이 암에 걸려 혹독한 시련을 겪었다는 이야기를 털어 놓았다. 당시 그 부인은 헌금을 하면 딸의 병이 나을 것이라고 약속하는 교회에 다니고 있었다. 그래서 이 부인은 교회에 헌금을 하고, 딸을 위해 기도했지만, 딸이 그만 죽은 것이다.

참담한 이야기가 아닌가? 세상에 교회가 이런 약속을 하다니 끔찍한 일이 아닐 수 없다. 그 이후로 내게 전화를 했던 이 부인은 딸이 남기고 간 외손주들을 키우고 있었다. 그 부인이 왜 비통해 하는지 이해할 수 있을 것이다. 그 부인에게 나는, 목사라는 사람이 그런 약속을 했다는데 대해 유감스럽다고 했다. 그리고 이어, "말씀하신 그 교회는 저도 아는 교회입니다만, 실은 좋은 교회거든요. 목사님도 제가 아는데 따님에게 그런 무책임한 약속을 할 그런 목사가 아닙니다. 손주들을 교회 데리고 가는 일은 멈추지 마셔야지요"라고 했다. 계속해서 나는 "보세요, 부인이 지금 이 땅에 살아 계신 이유가 바로 손주들을 교회에 데려고 다니기 위함인지 모르지요"라고 말했다.

그 후로, 그 할머니가 어떻게 됐는지 나는 모른다. 나는 그 부인을 대면한 일도 없기에 그 손주들을 교회에 데리고 갔는지도 모른다. 또한 그녀가 비통함과의 싸움에서 승리했는지는 더욱 모르는 일이다. 그러나 그녀가 그 싸움에서 졌다면 손주들도 마찬가지로 고통당했을 것이다. 당신과 가까운 사람들을 위해서도 당신은 어떤 비통함과의 싸움에서도 패할 수 없는 일이다.

넷째, 비통함이 어떤 것인지 외치라.

비통함이 죄라고 말하는 것은 당연한 일이다. 그러나 반복해서 그렇게 말해야 한다. 비통해하는 사람 대부분은 언젠가 부당한 취급을 받은 경험이 있는 사람들이다. 이들은 자신들의 상황이 불공평했다고 판단하기 때문에 그들의 비통함을 방어하는 데 매우 능숙하다. 그래서인지 그들은 자신들이 비통해한다는 사실을 인정조차 하지 않으려 한다. 그러면서 불공평한 환경을 탓하지만 그러나 불공평과 상관없이 죄는 결코 정당화될 수 없다. 비통함이란 우리를 둘러싼 잘못된 환경이 아니다. 다른 사람들이 당신으로 하여금 비통함을 느끼도록 상황을 조성했을런지는 몰라도, 당신이 비통해하는 이유는 그 비통함을 당신 집 투숙객으로 초청했기 때문이다.

따라서 다음과 같은 방법으로 비통함을 떨쳐 버려야 한다.

- 하나님의 정의와 섭리를 신뢰하라.
- 지혜로운 사람의 말에 귀를 기울이라.
- 당신과 가까운 사람들을 사랑하라.
- 죄를 범하지 않기로 결단하라. 비통함을 처단하라. 그렇지 않으면 비통함이 당신을 처단할 것이다.

브루스 무라카미 이야기: 비통함과의 싸움에서 승리하다

브루스 무라카미의 이야기는 어떻게 비통함을 극복할 수 있는지를 보여준 좋은 실례다. 브루스와 그의 아내, 신디는 그야말로 말 그대로 행복한 가정을 이루며 알콩달콩 살고 있었다. 그들은 하와이에서 처음 만나 서로에게 마음이 끌렸다. 어느 날, 브루스가 세일즈맨으로 일하는 자동차 대리점에 신디가 들어섰다. 거기서 그녀는 자동차를 샀고 브루스는 그녀에게 저녁식사 대접을 했다. 그리고 일 년 후, 그들은 결혼했다. 그들이 결혼했을 당시 신디에게는 5살짜리 아들이 있었다. 그리고 얼마 후, 그들은 둘째 아들을 낳고 이삼년 뒤, 첼시아라는 딸아이를 입양했다. 그들에게는 여전히 행복한 나날이 이어졌다.

그러던 1998년 11월 18일, 저스틴 카베자스라는 한 사람이 신디와 첼시아를 죽음으로 몰고 가면서, 무라카미 가정에 어둠이 찾아왔다. 의도적인 것은 아니었지만. 신디와 첼시아가 타고 있던 차와 카레이싱 경기 중이던 카베자스의 차가 충돌한 것이다. 사고 현장에서 딸과 엄마는 즉사했다. 무라카미는 그 참변의 정황을 다음과 같이 설명했다.

> 집을 나서는데, 뿌연 연기가 우리 동네 위로 소용돌이치며 솟구치는 것을 목격했다. 무슨 일인가 해서 그 쪽으로 차를 돌리려 했지만 실은, 내 안에 무언가 불안감이 엄습하여 나도 모르게 그리로 이끌려 간 듯했다. 사고현장에서 나는 그 차 안에 우리 가족이 타고 있음을 알고는 망연자실했다. 잠시 정신을 잃었다 깨어났지만 정신이 거의 나간 듯했다. 그 후, 수개월 동안 나는 삶에

흥미를 잃은 채 산 송장처럼 하루하루를 보냈다.

사고 후, 무라카미는 자신의 에너지를 두 가지 목표에 집중시켰다. 그것은 그 사고가 아내의 잘못이 아니었음을 증명함으로써 신디의 명예를 지켜주는 것이고 그녀를 죽게 한 사람에게 정의가 엄연히 살아 있음을 보여 주는 것이었다. 무라카미는 특히 카베자스의 혐의가 드러나기를 집요하게 지켜보고 있었다. 카베자스에 대한 고소가 무혐의로 처리됐을 때, 무라카미는 변호인을 고용해 플로리다 주 고속도로 순찰대에 항의했다. 그리고 관련 자동차 임대회사를 상대로 소송을 제기하고 검찰청 직원을 여러 차례 만났다. 그러면서 "이 사회에 정의는 다 어디로 갔느냐"고 따졌다.

검사들은 증거부족을 내세웠지만 무라카미는 막무가내였다. 마침내 무라카미의 집요함이 승소했다. 2002년 그의 유죄가 판명되었고, 카베자스는 자신의 과실치사를 시인했다. 정의가 구현된 것이다.

그러나 햇빛은 다시금 먹구름에 가려지고 말았다. 카베자스에게 최고형을 요구하는 대신, 무라카미는 그에게 관용을 베풀어 줄 것을 재판관에게 요청했다. "저스틴 카베자스는 지금 양심의 가책을 받고 있다고 나는 믿는다. 그 젊은이에게 새로운 기회를 주고 싶다"라고 그는 말했다. 재판관은 관용을 베풀기로 했다. 카베자스에게 30년 감옥형이 선고될 수 있었지만 그 대신 자택감금형 2년, 집행유예 8년에 300시간의 사회봉사형이 선고됐다.

갑자기 그가 마음이 돌변한 이유는 무엇인가? 브루스 무라카미는 재판관에게 관용을 간청한 이유를 다음과 같이 자술했다.

> 나는 집요하게 자료를 검토했다, 그리고 담임 목사님의 충고를 따랐다. 앞으로의 삶을 위해 내가 무엇을 해야 할지를 알기 원했다. 그것은 저스틴을 용서하는 것이었다. 그래서, 가슴이 북받치고 고통스러운 일이었지만 나는 저스틴과 만나 이야기를 나누었다. 우리 두 사람이 처음 대면하는 자리였다. 그가 내게 사과했을 때, 그도 나와 마찬가지로 괴로워하고 있다는 것을 알았다.

그러나, 이 사건의 백미는 여기가 아니다. 무라카미는 선으로 악을 이기는 방법이 어떤 것인지를 알기 위해 기도하기 시작했다. 그리고 다음과 같이 서술했다.

> 나는 '십대운전자 안전'이라는 한 기관을 설립해야겠다는 비전이 생겼다. 처음에는 나 자신조차 믿기 어려운, 정말 정신 나간 발상처럼 느껴졌다. 저스틴과 내가 청소년에게 운전과 책임에 대한 이야기를 하면 어떤 일이 벌어질까 하는 생각을 하게 된 것이다. 어쩌면 그들에게 자동차 바퀴에 달려 있는 생명과 그리고 그 생명에 대한 책임에 관해 가르칠 수 있을지 모른다는 생각을 하기 시작했다.

7년 후, 저스틴 카베자스는 자신과 브루스 무라카미 사이에 어떤 일이 생겼는지를 다음과 같이 회상했다.

마음속으로 줄곧 나는 그와 이야기하기를 원했다. 어딘가에 계속 속죄하고 싶은 마음이 있었다. 내가 말하려 했던 것들이 아마 수백 가지는 내 마음속을 스쳐갔다고 생각된다. 그러나 정작 그 자리에 나갔을 때, 나는 아무 말도 할 수 없었다. 너무도 감정이 북받쳐 올랐기 때문이었다. 그런데 오늘 브루스가 마치 나의 가족처럼 느껴졌다. 내가 저지른 그 엄청난 죄악을 다 알고 있으면서 그는 나를 용서해 주었다.

카베자스에게 무라카미가 베푼 용서의 비결을 복습해 보자.

- 그는 당연히 비통해 할 수 있었다. 아내와 딸을 잃었기 때문이다.
- 처음에는 부당한 상황 때문에 거의 미칠 지경이었다.
- 그는 지혜로운 사람의 충고를 수용했다.
- 브루스 무라카미와 저스틴 카베자스는 화해했다. 저스틴은 회개했고, 브루스는 용서함으로 그들은 새로운 관계를 맺게 됐다.
- 무라카미는 비통함에 굴복하는 대신에 어떻게 전진할 것인지에 대해 생산적인 생각을 했다. 그 결과 아내와 딸을 잃은 어둠을 뚫고 십대운전자안전 기구의 설립이라는 빛을 창출해 낸 것이다.

결론

심각하고 부당한 상처를 받았을 때, 우리는 비통해 하기 쉽다. 그러나 그것은 우리가 패할 수 없는 싸움이다. 당신의 관심을 하나님께 집중하라. 그는 빈틈없이 정확하신 분이다. 그분의 섭리가운데, 지혜로운 충고에 귀를 기울이라. 당신이 실패하면, 다른 사람들 역시 해를 입게 된다는 사실을 기억하라. 이 지침들을 따라 실천하라. 그리하면 시편 73편에서 아삽이 그랬던 것처럼, 당신은 비통함과의 싸움에서 승리할 것이다.

토론을 위한 질문

- 비통함이란 어떤 것인가?
- 어떤 상황에서 대부분의 사람들이 비통해 하기 쉬운가?
- 하나님의 섭리란 무엇을 의미하는가?
- 하나님의 섭리를 이해하고 믿는 것이 비통함을 이기는데 어떻게 도움이 되는가?
- 시편 73편을 읽으라. 비통함을 이기는 데 있어서, 당신은 본 장에서 어떤 도움을 발견하는가?

⚜ 하나님의 섭리를 의지함으로써 비통함을 극복한 누군가를 알고 있는가?

제14장
어떻게 떨쳐버릴 수 있을까?

우리가 다 수건을 벗은 얼굴로 거울을 보는 것 같이
주의 영광을 보매 저와 같은 형상으로 화하여 영광으로
영광에 이르니 곧 주의 영으로 말미암음이니라

(고후 3:18).

원수와 경쟁자에 대한 끈질긴 강박관념은

쉽사리 떨쳐버릴 수 있는 것이 아니다.

그러나 새로운 것에 관심을 집중함으로써 내어 쫓을 수 있다.

드랙 키드너

마음의 다람쥐 쳇바퀴

용서하는 것 그리고 비통함을 떨쳐내는 과정에서 가장 힘든 부분은 마음의 평안을 찾는 문제일 것이다. 상처를 준 사람에게 어떻게 반응해야 하는지에 관해 성경이 가르쳐주는 바를 단순히 아는 것은 쉽다. 하지만 그 사건에 대한 기억을 지운다는 것은 거의 불가능에 가까울 만큼 어려운 일이다.

톰이라는 내 친구는 이를 '마음의 다람쥐 쳇바퀴 돌기'라 부른다. 마음에 깊은 상처를 받으면, 그 일을 계속 생각하면서 쳇바퀴를 돌고 있게 된다. 그 일을 생각할수록 생각은 더 빠르게 진행되지만 결과는 매일 제자리다.

　미국의 영화배우 체비 체이스는 자서전에서 그가 마음의 다람쥐 쳇바퀴로부터 탈출하기 위해 어떻게 씨름했는지를 들려준다. 당시 체이스라 하면, 영화나 연극에 조금이라도 관심이 있는 사람에게는 영웅과도 같은 존재였다. 그가 출연한 대부분의 영화는 소위 휴가철 영화라고 불리울 만큼 가볍고 재미있는 내용이었지만 막상 그의 어린시절은 어두웠다. 그의 어머니는 주기적으로 그를 괴롭혔는데, 아들을 오랜 시간동안 옷장에 가둬두기도 하고, 한 밤중에 깨워서 실컷 때리고 폭언을 퍼부었다. 그로부터 50년이 지나 어머니가 돌아가신 후에도 체이스는 여전히 어머니에 대한 나쁜 기억들을 떨쳐 버릴 수가 없다고 말했다.

　그리스도인이라고 해서 마음의 전쟁으로부터 자연히 해방되는 것은 분명 아니다. 신학자 미로슬라브 볼프(Miroslav volf)는 「기억의 끝」(The End of Memory)이라는 책에서 간첩으로 몰려 심문받던 기억과의 싸움에 대해 다음과 같이 묘사했다.

> 내 마음은 '학대의 노예' 였다. 내가 당한 학대의 기억에서 절대 벗어날 수 없었기 때문이다. 마치 나를 학대한 그 사람이 내 마음의 집에 들어와, 거실 바로 한 가운데 자리를 잡고 있어, 나는 어쩔 수 없이 그와 함께 살아야 하는 것 같았다.

　연상이 되는가? 어떤 사람이 마음대로 난입해서 당신의 집 거실에 자리를 차지하고는 온갖 거친 행동은 다 해놓고 나가기를 거부하는 그런 기억이 있는가? 이것이 바로 우리 마음속에 일어나는 싸움이다. 예를 들어 배우자의 부정으로 인해 상처를 받은 경우, 그에 대한 모든 단서를 추적하여 다그치는 장면을 반복적으로 마음에 떠올리게 된다. "그 여자가 당신한테 어떻게 그럴 수 있어? 당신이 무언가 잘못했기에 그런거 아냐? 당신이 어떻게든 사전 대처했어야지요!" 이런 식으로 기회가 왔다 싶을 때면, 당신에게 상처를 준 사람에게 어떻게 하면 상처를 되갚아 줄까, 또 무슨 말을 할까를 계속 궁리하게 된다.

결코 패할 수 없는 싸움이다.

어떤 때는 마음의 다람쥐 쳇바퀴 위에 그냥 주저앉고 싶은 생각이 든다. 어쩌면 자신의 정당함을 당신 스스로 변명하고 있다고 느낄지 모른다. 그러다보면 당신은 속 태울 만한 권리가 있다고 당신 자신을 변호한다. 게다가 "이 일을 계속 생각한다고 특별히 더 해가 될 것도 없는데 뭐" 아니면 "도무지 생각하지 않을 수 없단 말이야" 혹은 "나도 제발 그 생각을 떨쳐버리고 싶다구. 그런데 그렇게 안되는걸 어떡하라구. 난 이미 내 생각의 포로가 되어버렸나봐!"라고 주장한다.

당신이 마음의 다람쥐 쳇바퀴를 계속 도는 이유가 무엇이든 간에, 그대로 주저앉을 수는 없다는 것을 명심하라. 만일 당신이 그 생각에 굴복되어 마음에 계속 떠오르게 내버려둔다면, 그것들은 결국 당신을 파멸로 이끌 것이기 때문이다. 비통함과 분노는 마음과 영혼에 큰 상흔을 남긴다. 사탄이 좋아하는 수법 중 하나가 그리스도인들 사이에 해결되지 않은 관계문제를 악용하는 것이다. 사도 바울이 고린도교회 교인들에게 "지금은 용서할 때"라고 권면한 것은, 하나님의 사람들을 분열시키고 파괴시키기 위해 사탄이 가장 즐겨 사용하는 하나의 계책이 해결되지 않은 갈등이라는 것을 깨닫게 하려고 이를 더욱 강조한 것이다(고후 2:5-11; 엡 4:25-27).

만약 지금 당신이 어떤 부당함 때문에 골몰하고 있다면, 마귀가 우는 사자같이 당신 곁에서 어슬렁거리고 있음을 알아차리라. 마귀는 당신이 가장 연약할 때, 입을 벌려 당신의 영적인 목을 물어뜯고 싶어 할 것이다(벧전 5:8). 이 마음전쟁에서 당신은 결코 패할 수 없다!

최근에 앤 콜맨이라는 부인의 가슴 저미는 이야기를 읽은 적이 있다. 그녀는 어느 날 딸 프랜시스가 그녀의 차 안에서 살해된 채 발견됐다는 전화를 받았다. 모든 부모가 다 그렇듯이, 이는 그녀에게 최악의 악몽이었다. 그녀는 아들 다니엘과 함께 딸의 차를 찾으러 갔던 일을 다음과 같이 기술했다.

> 차량 임시보관소로 딸아이의 차를 찾으러 갔다. 사고현장을 보지 않는 편이 나았을 것 같다. 탄환이 그녀의 대동맥과 가슴, 그리고 양쪽 폐를 관통해, 프랜시스는 출혈과다로 이미 사망한 상태였다. 자신이 흘린 피 때문에 차 안에서 질식사 한 것이다.

슬픔은 가중됐다. 동생의 충격적인 죽음으로 인해 아들 다니엘이 이상 행동을 보이기 시작한 것이다. 다니엘은 거의 탈진했고, 살인자에 대한 생각을 떨쳐 버릴 수가 없었다. 줄곧 동생 프랜시스의 차를 찾으러 갔던 일만 생각하고 있었다.

> 우리가 차문을 열었을 때, 악취가 코를 찔렀다. 그 냄새는 그 후 오랫동안 다니엘의 머리에서 떠나지 않았다. 그는 가장 잔인한 방법으로 동생의 원수를 갚겠다고 이를 갈았다. 그 후 2년 반 동안 나는 다니엘이 언덕을 내려가 쓰러질 듯 몸을 땅 바닥까지 굽히는 모습을 수도 없이 지켜왔다. 결국, 그는 자기 자신에게 복수를 한 것이다. 그때 나는 증오심이 어떤 것인지를 볼 수 있었다.

복수심은 사람의 몸과 마음에 치명적인 상처를 남긴다. 마음속의 전쟁에서 패한다면 이렇게 대가를 치루게 된다. 그러니 당신이 당한 부당함 때문에 정신적으로 매이지 않겠다고 결단하라.

마음전쟁에서의 승리는 일련의 과정이다.

그러면 어떻게 이 마음의 다람쥐 쳇바퀴에서 탈출할 수 있을까? 먼저 신학적 과정에서 볼 때, 어떻게 용서할 수 있으며 또 어떻게 과거의 부당함을 떨쳐 버릴 수 있느냐의 문제는 성화의 영역에 속한다. 성화란 우리가 점진적으로 우리 주 예수그리스도를 닮아가는 과정을 말한다. 그리스도와 같은 반응을 나타내고 비통함과 상처를 극복하는 정신적 승리의 비결은 우리의 시선을 항상 예수 그리스도에게 고정시키는 것이다.

물론, 예수님은 자기에게 해를 끼친 사람들에게 완벽하게 대하셨다. "욕을 받으시되 대신 욕하지 아니하시고 고난을 받으시되 위협하지 아니하시고 오직 공의로 심판하시는 자에게 부탁하시며"(벧전 2:23). 예수님은 마음의 다람쥐 쳇바퀴를 도는 대신에 하나님 아버지의 공의에 자신을 맡기셨다. 그분의 마음은 평안 그 자체였다. 그러니 우리의 목표는 그분을 닮아가는 것일 수밖에 없다. 성경은 성화의 과정을 가르친다. 순식간에 우리가 예수님처럼 될 수는 없지만, 우리가 눈을 예수님께 고정시킬 때, 한 단계에서 다음 단계로 조금씩 그러나 점진적으로 그분의 형상으로 변화돼 가는 것이다.

> 우리가 다 수건을 벗은 얼굴로 거울을 보는것 같이 주의 영광을 보매 저와 같은 형상으로 화하여 영광으로 영광에 이르니 곧 주의 영으로 말미암음이니라 (고후 3:18).

사람들이 다람쥐 쳇바퀴로 인해 낙심하는 이유는 부당함에 대한 집념을 단번에 멈추는 즉각적인 해결을 기대하기 때문이다. 때로는 하나님께서 즉각적인 승리를 주시기도 하지만, 대부분의 경우는 우리의 생각을 예수 그리스도에게 집중하게 하면서 서서히 이루어진다.

성경은 "모든 사람으로 더불어 화평함과 거룩함을 쫓으라 이것이 없이는 아무도 주를 보지 못하리라"고 말한다. "쫓으라"라고 번역된 이 말은 열심히 노력하면서 추구하라는 의미다. 성경은 그리스도의 형상을 닮기 위해 애쓴 많은 사람들의 이야기로 채워져 있다. 하지만 마음전쟁에서의 승리는 결코 쉽게 얻어지는 것이 아니다. C. S. 루이스는 한 번의 마음전쟁에서 승리하는 데 얼마나 많은 시간이 걸렸는지를 고백한 적이 있다. 그의 저서, 「말콤에게 보낸 편지」에서 그는 "지난 주, 기도하는 중에 갑자기 깨달았다. 30년이 넘도록 용서하려고 애써 왔던 사람을 이제야 진심으로 용서했다는 것을"이라고 기록했다.

당신 역시 마음전쟁에서 승리하는데 30년이 걸릴지도 모른다. 이 경우 비통함과 복수할 생각을 스스로 떨쳐내는 것이 중요하다. 비통함이 당신의 영혼 속에서 습관이 되지 않게 하라. 마귀에게 틈을 주지 말라. 당신의 인생을 파멸로 끌고 가려는 마귀는 무엇보다도 당신의 마음을 공격하기를 좋아한다.

마음전쟁의 승리를 위한 특약 처방

이 전쟁에서의 승리를 위해 얼마나 치밀하게 노력해야 할까? 이를 위해서는 그리스도의 형상을 점점 닮아가려는 노력이 보다 구체적으로 이루어져야 한다. 사도 바울은 고린도후서 10장 4절에서, 우리의 싸우는 병기는 세상의 병기가 아니라고 했다. 우리의 '병기'에는 '견고한 진'을 파괴하는 거룩한 능력이 있는데 그 속에는 마음의 견고한 진도 포함되어 있다. 그렇다면 다람쥐 쳇바퀴로부터의 탈출을 위한 구체적인 지침에는 어떤 것이 있는지 함께 알아보자.

용서에 대한 성경의 교훈을 마음에 새기라

지금까지의 내용을 충실하게 읽었다면, 용서에 대한 성경적 가르침의 대략적인 내용을 파악했을 것이다. 이 진리와 원리들을 마음속 깊이 새기자.

- 가장 기본적인 용서의 원리는 그리스도인은 하나님이 우리를 용서하심과 같이 다른 사람을 용서해야 한다는 것이다(마 6:22; 7:2; 엡 4:32).
- 그리스도인은 하나님께서 용서받으려는 모든 사람에게 용서를 베푸시는 것처럼 모든 사람에게 너그러운 태도와 성향을 지녀야 한다. 하나님은 모든 사람에게 은혜와 용서를 베푸시는 분이시다(요 1:12; 3:16; 엡 2:8-9).
- 그러므로 그리스도인은 용서를 구하는 모든 사람을 기꺼이 용서해야 한다(눅 17:3-4). 당신이 어떤 상처를 받았던지 당신이 하나님께 범한 것에 비하면 그것은 아무것도 아니다.
- 그리스도인은 하나님의 정의와 섭리를 신뢰함으로 비통함을 극복할 수 있다. 하나님은 정확하시며, 원수 갚는 것 역시 그분께 속해 있다. 하나님을 사랑하는 사람들을 위하여 하나님은 모든 것이 합력하여 선을 이루도록 신중하게 일

하시며 보상해주신다(롬 12:19; 8:28; 창 45:5-7).

- 비통함이나 용서하기를 꺼리는데 대해 변명하지 말라. 기꺼이 용서하지 않는 사람은 자신의 구원을 의심해야 한다. "나는 용서할 수 없어, 아니 용서하지 않을 거야"라고 말하는 것은 "나는 지옥에 갈 작정을 하고 있어"라는 말의 다른 표현이라는 것을 명심하라(마 6:14-15; 18: 21-35).

말씀 속에서 그리스도를 바라보라.

마음의 다람쥐 쳇바퀴에서 탈출하려거든, 문제의 원인을 처해있는 상황 탓으로 돌리지 말고 모든 시선을 그리스도에게 고정시키라(히 12:1-3).

> 내가 산을 향하여 눈을 들리라 나의 도움이 어디서 올꼬 나의 도움이 천지를 지으신 여호와에게서로다 (시 121:1-2).

집요하게 지나간 일에 집착하는 한 평안을 얻을 수 없다. 시편 77편을 보면, 시편기자가 마음의 다람쥐 쳇바퀴로부터 탈출하기 위해 애쓴 흔적이 고스란히 담겨 있다. 3절에서 시편기자는 "내가 생각하고"라고 말하지만 자신의 "영혼이 위로 받기를 거절 하였도다"(2절 하)라고 고백했듯이 그는 잘못된 방식으로 생각한 것이다. 그 결과 그는 하나님의 선하심을 의심할 수밖에 없다. 그러면서 제기하는 그의 질문을 보라.

> 주께서 영원히 버리실까, 다시는 은혜를 베풀지 아니하실까, 그의 인자하심은 영원히 끝났는가, 그의 약속하심도 영구히 폐하였는가, 하나님이 그가 베푸실 은혜를 잊으셨는가, 노하심으로 그가 베푸실 긍휼을 그치셨는가 하였나이다 (7-9절).

여기서 우리는 이 같은 정신적 혼란을 방치할 때 피할 수 없는 위험에 직면하게 된다. 잘못된 사고의 틀을 고집하다보면, 하나님의 성품까지 의심하게 되는 것이다.

> 또 내가 말하기를 이는 나의 연약함이라 "지존자의 오른손의 해 곧 여호와의 옛적 기사를 기억하여 그 행하신 일을 진술하리이다" 또 주의 모든 일을 묵상하며 주의 행사를 깊이 생각하리이다 (10-12절).

마음의 승리를 얻기 위해 당신이 할 수 있는 가장 중요한 일은 당신의 '생각'을 그리스도에게 고정시키는 것이다. 더 이상 당신의 개인적인 상황과 아픔에 집착하지 마라. 대신 살아계신 구세주를 바라보라. 기도하며 성경말씀 속에서 그리스도의 임재 속에 잠겨보라. 이처럼 모든 것에서 그리스도의 완전하심과 아름다우심을 음미하며 그분을 묵상할 때 당신이 점점 그리스도를 닮아가고 있음을 발견하게 될 것이다.

기도하라, 기도하라, 기도하라.

심적 혼란을 말끔히 씻어 내는 또 다른 비결은 기도하는 것이다. 그렇다고 어쩌다 출근길 차 속에서 토해 내듯이 외치는 탄원이나, 자기 직전 "하나님, 이 생각 좀 안하게 도와주세요"라고 중얼거리는 기도를 말하는 것이 아니다. 온전히 기도에 전념할 수 있는 환경 속에서 기도에 몰입하라. 나는 집중해서 기도할 때 여러 가지 방식을 시도하는데, 어떤 때는 아무도 없는 교회 본당에 들어가 무릎을 꿇고 맨 앞줄 장의자에 얼굴을 파묻는다. 때로는 오랫동안 걷기도 한다. 당신에게 가장 잘 맞는 방법을 찾으라.

빌립보서를 보면 바울은 기도에 대해 매우 강조하고 있다. 빌립보서는 인간관계로 인해 분쟁과 혼란을 겪고 있는 빌립보 교회에 보내는 편지로, 바울은 성도들에게 몇 가지 교훈을 한 뒤, 이제는 염려하지 말고 오히려 기도하라고 촉구한다.

> 주 안에서 항상 기뻐하라 내가 다시 말하노니 기뻐하라 너희 관용을 모든 사람에게 알게 하라 주께서 가까우시니라 아무 것도 염려하지 말고 오직 모든 일에 기도와 간구로, 너희 구할 것을 감사함으로 하나님께 아뢰라 그리하면 모든 지각에 뛰어난 하나님의 평강이 그리스도 예수 안에서 너희 마음과 생각을 지키시리라 (빌 4:4-7).

이 말씀은 믿는 자들이 기도할 때, 하나님의 평강이 그들의 마음과 생각을 주장한다고 약속해준다. 나는 기도일지 쓰는 것을 좋아한다. 오랜 상처와 비통함으로 고전하고 있을 때 기도를 지속한다는 것은 쉬운 일이 아니다. 생각이 꼬리를 물다 보면 너무도 쉽게 혼란과 염려 속으로 빠져들기 때문이다. 그러나 기도를 글로 남기면, 마음을 하나님의 진리에 몰입시킬 수 있고 나의 형편을 그 진리의 말씀에 비추어 생각할 수 있다.

감사가 당신 기도의 중심이 되어야 한다. 사도 바울이 보낸 빌립보서 말씀에 주목하라. "오직 모든 일에 기도와 간구로, 너희 구할 것을 감사함으로 하나님께 아뢰라." 하나님께 감사하는 것은 당신의 삶을 위한 그분의 공급하심에 영광을 돌리는 것이다. 이 같은 감사는 사고의 틀을 형성하고 마음의 염려를 벗어버리고 그리스도에게 주목하게 해준다.

당신이 부당한 이유로 상처받은 적이 있다면, 예수님이 끈질긴 과부의 비유(눅 18:1-8)에서 가르치신 것처럼 정의(계 6:10)를 위해 기도하는 것이 마땅하다. 정의를 구하는 기도는 시편에서도 자주 강조되는데 이 책 13장에서 강조하는 하나님의 정의에 대한 확신이야말로 비통함을 극복하는 중요한 요소이다.

옳은 것을 말하고 옳은 일을 행하라

부당한 취급을 받을 때마다 우리는 상황을 다른 사람에게 털어 놓고 싶은 강한 충동을 느낀다. 물론 다른 사람들에게 얘기하는 것이 당연할 때도 있다. 다른 사람의 충고가 필요할 수도 있고, 아니면 기도 부탁을 할 수도 있기 때문이다. 그러나 이것을 기억하라. 당신이 말하고 또 행한다는 것은 상황을 고착시킨다는 사실 말이다. 그래서 당신이 당한 부당한 일에 관해 계속 말할수록 그것에 대한 생각을 떨쳐내기가 훨씬 더 어렵게 된다. 따라서 다른 사람에게 말하는 대신 오히려 다른 사람의 말을 들어주고 격려하고 섬기는 쪽을 택하라. 한 마디로 상처 입은 다른 사람에게 먼저 다가가는 삶을 사는 것이다.

하나님이 의도하신 은혜에 참여하라.

1장에서 강조했듯이, 예수님은 마음이 지친 사람들에게 안식을 주신다. 그러나 그는 내게 와서 잠자라고 명하지 않으셨다. 도리어 예수님은 "나의 멍에를 메고 내게 배우라"(마 11:29)고 말씀하셨다. 그리스도의 멍에를 메는 일은 수고를 통해서 이루어진다. 그의 말씀을 탐구하고 경청하며, 그의 백성들과 교제하고, 예배에 참석하며, 그리고 기도하는 것 같은 수고 말이다.

척 콜슨의 마음의 다람쥐 쳇바퀴 탈출 성공

1974년 7월 8일, 척 콜슨은 평생에 처음으로 교도소 생활을 하게 되었다. 그 환경은 비참하기 이를 데 없었다. 감방은 섭씨 35도를 넘어 숨이 막힐 지경이었다. 그러나 콜슨의 육체적 고통은 그의 정신이나 감정의 싸움에 비하면 아무것도 아니었다. 이삼 년 전만 하더라도 그는 닉슨 대통령 특보로 활동했었는데, 당시 전 세계에서 가장 영향력 있는 사람 중 한 명이었다. 콜슨은 이제 자신의 삶에 뜻있는 공헌을 할 기회가 다시는 없을 것이라고 생각했다. 한 때 권좌에 있었던 기억은 점점 가물가물해지고 있었다. 콜슨은 당시의 심정을 이렇게 회고했다.

> "교도소 생활에서 가장 나를 좌절하게 만드는 것은 다시는 내 인생에 의미 있는 일을 할 수 없으리라는 생각이었다. 지금까지 살아온 내 삶은 이미 산산조각 났고, 어떤 희망도 보이지 않았다. 내 미래는 교도소 생활로 끝인 듯했다. 사실 나는 그때까지 성공을 물질적인 것, 즉 권세와 돈과 명예와 안전으로 생각했었다. 그러나 성공이란 인생을 어떻게 살 것인가라는 가치에 영향을 미치는 것임을 깨닫게 되었다. 이제 내가 이 일을 어떻게 이룰 수 있을까? 나는 전과자며 부도덕한 공인이니 이미 끝장난거나 마찬가지다!"

마흔 네 번째 생일이 다가올 즈음, 척 콜슨은 마치 모든 인생이 끝난 것처럼 느껴졌다. 그의 고통은 사실 자신만의 잘못 때문만은 아니었다. 물론 그의 과실도 있긴 했지만 어떤 면에서는 언론매체와 사법부로부터 받았던 혹독하고 부당한 처사가 더 큰 원인이었다. 잘 알겠지만, 그는 워터게이트 사건과 관련하여 자신과 닉슨 대통령을 변호하려고 애썼다. 사실, 워터게이트 사건 이후, 처음 2년 동안 콜슨은 엄청난 분량의 자료를 수집했다. 그리고 닉슨 행정부의 몰락에 CIA가 연루됐었다는 사실을 입증하려고 애썼다. 때문에, 그의 마음속에서 일어나는 전쟁은 자신의 과실에 대한 후회와 자신이 받은 부당한 대우 그리고 다시는 의미 있는 공헌을 할 수 없으리라는 두려움이 뒤섞인 것이었다.

그러나 변화를 추구할 기회는 이미 끝났다는 생각이 들면서 그는 더 이상의 잘못을 범할 수는 없다고 생각했다. 드디어 1975년 1월 31일, 수감 7개월 만에 석방되었다. 그때부터 그는 교도소선교회를 창립하는 일에 혼신의 노력을 기울였다. 그동안 그는 수많은 책을 저술했고 현재가지 전 세계를 무대로 강의를 하고 있다. 또한 기독교 정치와 사회에 관련된 모임인 '윌버포스 포럼'도 창설했다. 현재는 그가 하는 방송 프로그램인 브레이크포인트(Breakpoint)가 미국 전역에 방송되고 있다. 또한 콜슨은 13개의 명예박사 학위를 받았다. 한때는 흉악범으로 유죄판결까지 받았지만 1993년에는 현금 백만 불의 상금이 주어지는 템플튼 상을 수상하기도 했다. 이 상은 템플튼 재단에서 매년 종교 발전에 최고의 기여를 한 사람에게 수여하는 상인데, 그는 그때 받은 상금 전액을 교도소선교회에 쾌척했다. 이제 그는 세계에서 가장 영향력 있는 기독교 지도자의 한 사람이 되었다.

척 콜슨의 경우야말로 모든 사람이 정신적 혼란을 극복하고 승리할 수 있다는 살아있는 증거지 않은가? 어떻게 하나님이 한 인간의 삶을 뒤바꾸시고 정신적 위기에서 구해 내시는지 그저 놀라울 뿐이다. 그러나 그가 마음의 다람쥐 쳇바퀴로부터의 탈출에서 성공하게 된 것은 하루아침에 이루어진 일이 아니다. 또한 그가 그리스도인이 되는 순간부터, 파괴적인 모든 생각과의 전쟁이 끝난 것도 아니다. 그의 고통과 아픔을 단번에 끝내는 요술 스위치는 어디에도 없었다. 그러나 교도소에서의 첫날 밤, 자신의 인생이 끝났다고 느꼈던 당시, 그는 이미 그리스도인이었다. 그는 그동안 정신적 위기상황에서 벗어나려고 치열한 몸부림을 친 것이다. 그는 과거사에 대한 비통함과 분노에 빠질 유혹에 굴복하지 않았다. 처음부터 그는 비통함에 굴하지 않기를 결단했다.

내가 교도소에 도착했을 때, 담당 관리자는 "들어가면 현실을 그냥 받아들이시는게 좋을거요. 이제부턴 여기가 당신이 머물 곳일테니 말이요. 그러니 집 생각은 할 생각일랑 마시오"라고 말했다. 하지만 나는 그곳에서 본회퍼의 글을 읽으며, 그런 비통한 사고를 벗어버리고 오히려 반대로 행동했다. 하루 종일 글을 쓰거나 탐구했으며, 세탁 당번을 하고, 운동을 하거나 다른 수감자들을 돕기도 했다. 나를 위한 여흥은 거의 허용하지 않았다. 무엇보다 내겐 아무것도 하지 않는 것이 더 두려웠다.

척 콜슨은 그리스도에게 집중했다. 옳은 말과 옳은 일만 하려고 애를 썼다. 그 결과 그는 입소 당일 밤에 느꼈던 정신적 절망으로부터 헤어 나와 기독교 지도자의 신분으로 전향했다. 이제 콜슨은 지난 7개월간의 교도소 생활을 감사히 여긴다. 하나님께서 그 비참한 날들을 통해 미래의 놀라운 사역을 위해 자신을 준비시키셨음을 알게 되었기 때문이다. 교도소에 있었던 시간이 그로 하여금 교도소 선교회을 시작하게 만든 것이다. 이제 그는 교도소에 가게 된, 그 억울한 상황까지도 하나님께 감사한다 말했다.

나는 워터게이트 사건을 인하여 하나님께 감사한다. 교도소 생활은 내 인생의 가치관을 바꿨을 뿐 아니라, 의미 있는 방법으로 다른 사람들을 섬길 수 있는 기회까지 얻게 해주었다. 그곳에서 내가 베푼 작은 섬김들이 이제는 전 세계 수감자들을 위한 사역이 되었다.

결론

우리가 받은 부당한 일에 집착하지 않기란 그리 쉬운 일이 아니다. 사실, 거기서 헤어난다는 것 자체가 불가능해 보일 수도 있다. 척 콜슨과 같이, 우리 모두가 어려운 상황에 처할 때마다 자신의 잘못을 부정하는데 바쁘다. 그러면서 자신이 부당한 취급을 받았다는 사실을 증명하는데 시간과 정력을 쏟아 붓는다. 그러다보니 상처는 치유될 길이 없고 화만 더 치밀어 오르게 된다.

그러나 성령의 능력에 의지하게 될 때, 마음의 다람쥐 쳇바퀴로부터 탈출할 수 있다. 절대로 당신의 생각에 볼모가 되어서는 안 된다. 즉각적인 승리는 불가능하다는 것을 이해하라. 그보다는 정신적 상처를 씻어내기 위해 싸워야 한다. 이는 매일아침 기상과 함께 다시금 당신의 시선을 예수님께 고정시켜야 함을 의미한다. 그의 말씀을 읽으라. 성경이 가르친 대로 기도하라. 교회에 참석하라. 옳은 말을 하고 옳은 일을 행하라. 그러면 어느 날, 당신이 더 이상 똑같은 마음전쟁 때문에 고통받고 있지 않다는 것을 발견하게 될 것이다. 당신이 겪은 고통을 통해서 하나님이 당신을 어떻게 빚어 가시며, 또 어떻게 강하게 하셨는지를 깨닫고 감사하게 될 것이다.

　당신은 마음전쟁에서 반드시 승리해야 한다. 시간이 지나면서 해결되지 않은 분노와 비통함은 당신의 마음과 영혼에 똬리를 틀 것이며, 기회만 주어지면 마귀는 그것을 악용할 것이기 때문이다. 그는 삼킬 자를 찾아 우는 사자같이 배회하고 있다. 그러니 갈 길이 아직도 멀지 않은가?

토론을 위한 질문

* 이 장에서 언급하는 '마음의 다람쥐 쳇바퀴'란 무슨 뜻인가?
* 마음의 다람쥐 쳇바퀴로부터의 탈출은 순식간에 이루어지는가, 아니면 일련의 과정을 통해서 이루어지는가? 그렇다면, 마음의 다람쥐 쳇바퀴로부터의 탈출을 위한 구체적 단계는 무엇인가?
* 척 콜슨은 징역을 선고받았을 때, 즉시 마음의 평강을 찾았는가? 그는 어떻게 그것을 찾으려고 애썼는가?
* 시편 77편을 여러 차례 읽으라. 시편 기자는 어떻게 마음의 다람쥐 쳇바퀴에서 벗어났는가? 특히 10-12절을 주목

하라.

제15장
그리스도인들이 일치하지 못한다면?

서로 심히 다투어 피차 갈라서니 바나바는 마가를 데리고
배 타고 구브로로 가고 바울은 실라를 택한 후에
형제들에게 주의 은혜에 부탁함을 받고 떠나 (행 15:39-40).

우리는 타락한 세상에서 사는 죄인이기에 갈등은 불가피한 것이며,

그 고통이 지금 당신 앞에 다가오고 있다.

이는 충분히 예상할 수 있는 일이다.

C.J 마하니

완전한 세상이라면, 그리스도인은 모든 갈등을 해결할 수 있다. 우리 모두가 온전히 하나님의 말씀을 따른다면, 의견 불일치를 해결하고 함께 전진할 수 있을 것이다. 그런데 현실은 그렇지 않다. 해결하려고 애는 쓰는데 일은 더 꼬이는 것 같을 때가 더 많다. 사람들은 같은 상황에 대해 각자 다르게 생각하기 때문에 문제를 해결하는 방식도 서로 다르다. 한 마디로 막다른 골목이요 희망이 없어 보이는 꽉 묶인 매듭이다. 아무리 기도하고 노력하고, 회의를 거듭해도 해결의 실마리는 도무지 보이지 않는다.

　이런 난국들이 처음에는 조용하게 시작될 수 있다. 그러나 사람들의 태도가 이편저편으로 나누어지고 줄이 길어지게 되면 상황은 달라진다. 교회 내에서의 문제일 경우, 사람들은 조언을 구하려고 다른 지방 유력한 목회자들에게까지 연락할 것이다. 수년 동안 전혀 성경을 읽지 않던 사람들이라도 관련된 성경구절을 찾느라 바쁘다. 어떤 사람들은 기도모임을 주선한다. 성도들은 서로 수군거리면서 지도자들을 비난한다. 반면에 지도자들은 험담하고 반대하는 사람들을 정죄하기 쉽다. 한 쪽에서 '진리'의 깃발을 높이 들라고 말하면, 또 다른 쪽에서는 교리적인 문제들은 제쳐놓고 '사랑'을 강조한다.

그러다보면 문제 자체보다는 갈등이 더 문제가 된다. 이 갈등에 연관된 다른 문제들이 속속 드러나면서 매듭은 더 단단하게 묶이고, 문제를 완화시키려는 면밀한 계획과 노력은 오히려 곁길로 빠지기 쉽다. 이런 상호관계의 악순환으로 인한 폐해는 생각보다 심각하다. 때로는 지역교회들이 회복되지 못하는 경우도 있다. 신앙이 어린 신자들은 상처를 입고 목회자들은 탈진상태가 된다. 기쁨은 사라지고 하나님은 그의 백성들로부터 영광을 받지 못하신다.

어떻게 이 난국을 헤쳐 갈 수 있을까? 사람들이 서로 화해할 수 없거나 해결책이 마련되지 않을 때 우리는 무엇을 해야 하는가? 이런 경우에는 마태복음 18장 15-17절에 제시된 단계들을 적용해 봐도 별반 도움이 되지 않는다. 하나님의 말씀에 부족함이 있어서가 아니다. 이는 우리가 항상 같은 생각을 하지 않는 타락한 사람들이기 때문이다. 사실, 때로는 어떻게 해결해야 할지를 우리는 모른다.

이 경우 초대교회에 있었던 바울과 바나바 사이의 갈등을 통해, 난국을 타결하는데 많은 도움을 찾을 수 있다. 그것은 두 핵심 지도자들 사이의 심각한 불화였으며 고통스러운 일이었고, 결국 두 사람이 갈라서게 되는 결과를 초래했다. 그러나 끝에 가서는 치유와 회복이 이루어졌고, 하나님의 말씀은 전진해 나아갔다. 그래서 막다른 난국에서 고전하는 사람들에게 사도행전의 이 이야기는 지혜와 소망을 준다.

바울과 바나바의 갈등

누가는 바울과 바나바의 갈등을 여섯 구절로 요약한다.

> 바울과 바나바는 안디옥에서 유하며 다수한 다른 사람들과 함께 주의 말씀을 가르치며 전파하니라 수일 후에 바울이 바나바더러 말하되 우리가 주의 말씀을 전한 각 성으로 다시 가서 형제들이 어떠한가 방문하자 하니 바나바는 마가라 하는 요한도 데리고 가고자 하나 바울은 밤빌리아에서 자기들을 떠나 한가지로 일하러 가지 아니한 자를 데리고 가는 것이 옳지 않다 하여 서로 심히 다투어 피차 갈라서니 바나바는 마가를 데리고 배 타고 구브로로 가고 바울은 실라를 택한 후에 형제들에게 주의 은혜에 부탁함을 받고 떠나 수리아와 길리기아로 다녀가며 교회들을 굳게 하니라 (행 15:35-41).

이 여섯 구절을 대충 읽는 사람에게는 바울과 바나바의 불화가 그리 대수롭지 않게 보일 수도 있다. 그러나 누가는 그들이 "심히 다투어"라고 했다. 이는 헬라어 신약성서에서 드물게 사용된 말이며, 소리지르는 것을 포함할 정도의 심각한 갈등을 의미한다. 어찌됐던, 그 때까지 12년을 서로를 알고 지냈었지만, 이 일로 그들은 갈라서게 되었다. 이 얼마나 비극적인 일인가! 초대교회 최초의 선교사들인 바나바(위로의 아들)와 바울(이방인의 사도)이 나뉘어져 각기 다른 길을 갔던 것이다. 무슨 일이 벌어진 것인가?

바울과 바나바의 관계를 압박한 다른 요인

무슨 일이 있었는지 이해하기 위해, 우리는 바울과 바나바의 관계를 압박한 다른 요인들을 알아야 한다. 대개가 그렇지만, 보기보다 문제가 더 심각했다(다음 여행에 마가 요한을 데리고 갈 것인지 아닌지). 몇 가지 다른 요인들이 바울과 바나바의 관계를 압박했다. 이 요인들 하나하나가 서로 어우러져 매우 긴장된 상황을 조장했다.

- 안디옥에서의 결정적인 불화 – 지난 18개월 동안 할례에 대한 열띤 논쟁이 벌어졌었다. 이는 바울이 안디옥에서 베드로와 바나바가 두려워하는 것을 공개적으로 책망했을 때 폭발했다. 뒤돌아보면, 바나바는 바울이 옳았다는 것을 안다. 바나바와 베드로는 이방인들과 가까워지려고 심지어는 위선적인 행동을 했는데 나중에 그 행동이 유대 지도

자들에게 어떻게 보일지 두려워 거리를 두게 되는 잘못을 했던 것이다. 이에 대해 바울은 공개적으로 베드로를 책망했다(갈 2:11-14).

- 인척관계가 얽혀 있다 – 바나바와 마가 요한은 사촌이다 (골 4:10). 바나바는 진심으로 마가 요한을 데려 가기를 원했다(행 15:37).

- 실망 – 바울과 바나바는 그들의 후속 사역에 대한 기대가 특히 컸을 것이다. 심한 핍박을 받은 후, 새 선교지가 열리면서, 그동안 하나님의 말씀을 전파했던 모든 도시에 세워진 교회들을 방문하고 신자들이 어떻게 하고 있는지 보려고 그들은 지금 계획을 세우는 중이었다(행 15:36). 때문에 이런 복잡한 분규가 대두되는 데 매우 실망스러웠을 것이다.

- 실라는 어쩔 수 없이 한 편을 택해야 했다 – 아마 바울과 바나바 어느 한 쪽도 이런 일이 벌어지길 원치 않았을 것이다. 그러나 사건의 속성은 매양 그렇다. 실라는 바울과 함께 가기로 했다.

- 바나바와 바울 둘 다, 바나바가 한 때 바울을 강력히 지지했었다는 사실을 알고 있다 – 바울이 처음 예루살렘교회 지도자들을 만나게 된 것은 바나바 때문이었다(행 9:26-27). 마가 요한은 단지 그들을 버리고 떠났지만, 바울은 회심하기 전에, 스데반에게 돌을 던지는 사람들의 겉옷을 받아

들고 곁에서 지켜보며 서있었다(행 7:58; 8:1; 22:20). 또한 그는 그리스도인들을 없애 버림으로써 복음을 말살시키려고 했다(행 9:11이하).

- 바나바는 초대교회의 가장 든든한 재정 후원자였다(행 4:36-37) – 바울과의 관계에 있어서 바나바가 이를 수단으로 삼았을 거라는 뜻은 추호도 아니다. 그렇다고 바울이 이에 영향을 받았을 것이라고 생각지도 않는다. 그러나 그것은 주님의 일을 위한 바나바의 열정과 헌신이었다. 어쩌면 마가 요한을 데려가지 말자는 바울의 반론은, 일면 그것이 하나님의 돈을 선하게 사용하는 것이 아니라는 주장이었을지 모른다. 만일 그것이 이유였다면, 아마도 바나바는 자신이 그동안 얼마나 희생적으로 헌금을 드렸는데 하는 생각을 했을 수도 있다.

바울과 바나바의 갈등에는 이런 여러 가지 요인들이 내재되어 있었다. 여기서 드러난 문제는 한 가지지만(이 경우, 마가 요한의 동행 여부), 다른 요인들도 작용했을 것이다. 만일, 당신이 지금 해결되지 않은 어떤 갈등에 연루돼 있다면, 그 갈등에 영향을 미칠지 모를 과거의 사건이나, 인척관계, 금전문제 등을 비롯해서, 서너 가지 추가적인 요인이 더 있을지 모른다.

우리에게 주는 교훈

다행스럽게도, 이것이 바울과 바나바, 마가에 대한 이야기의 끝이 아니다. 더욱 격려가 되는 것은, 바울이 그의 임종이 다가 올 즈음, 여러 상황에서 마가에 대해 긍정적으로 언급했다는 사실이다. 바울의 말을 읽어 보라.

> 나와 함께 갇힌 아리스다고와 바나바의 생질 마가와 (이 마가에 대하여 너희가 명을 받았으매 그가 이르거든 영접하라) (골 4:10).

> 그리스도 예수 안에서 나와 함께 갇힌 자 에바브라와 또한 나의 동역자 마가, 아리스다고, 데마, 누가가 문안하느니라 (몬 23-24).

> 누가만 나와 함께 있느니라 네가 올 때에 마가를 데리고 오라 저가 나의 일에 유익하니라 (딤후 4:11).

이 장면에서 우리는 무엇을 배울 수 있는가? 첫째, 이 내용의 핵심은, 남에게 책임을 전가하지 않는 것이다. 성경은 바나바나 바울 어느 한 쪽이 옳다고 지적하지 않는다. F. F. 브루스는 이렇게 서술했다.

> 누가는 이 분쟁에서 바울은 옳고 바나바는 틀렸다는 식으로 단정하지 않는다. 누가의 절제된 시각에서 볼 때, 독자가 책임문제를 규명하는 일은 무의미하다.

바울과 바나바가 이런 식으로 갈라서게 됐다는 것은 슬픈 일이며 또 상황을 완벽하게 다루지 못했을 수 있지만, 그들 둘 다 그리스도를 위해 사역을 지속했다는 사실은 시사하는 바가 크다. 주님의 사역은 중단 없이 앞을 향해 지속된다. 우리는 여기서 몇 가지 구체적인 교훈을 얻을 수 있다.

수용하라. 난국은 닥치게 마련이다.
일은 이미 벌어졌다. 교회 역사상 최초의 선교사들이 서로 심하게 다투고 갈라섰다. 만일 당신이나 내가 초대교회의 역사를 기록했더라면, 바울과 바나바의 분쟁을 생략했을지도 모른다. 우리는 전혀 큰소리 내지 않고 문제들을 처리했던 지도자들의 아름다운 모습만을 기록하고 싶은 유혹에 빠졌을지 모른다. 그러나 누가의 목표는 바울과 바나바를 칭송하는 데 있지 않았다. 오히려 누가는 교회의 시작과 말씀의 진보가 어떻게 성령의 은혜로운 역사로 이루어졌는지를 설명하기 원했다. 교회와 말씀의 진보는 사람들에 의한 것이 아님을 보여주려 했던 것이다. 이런 식의 갈등이 바울과 바나바에게 생길 수 있었다면, 우리에게도 얼마든지 생길 수 있음을 인정해야 한다. 놀라지 말라. 갈등과 곤경은 언제나 있기 마련이다.

시선을 그리스도에게 고정하고 계속 전진하라.
바울과 바나바는 사역에 종지부를 찍을 생각은 전혀 없었다. 그러나 마가 요한은 완전히 끝낼 것처럼 느꼈으리라는 생각이 든다. 바울과 바나바 사이에 갈등이 생긴다는 것을 당신은 상상할 수 있겠는가?

당신도 다른 그리스도인과의 갈등 때문에 신앙생활을 포기하고 싶었던 때가 있었는가? 지금 당신이 그런 입장에 처해 있는지 모르겠다. 다른 사람의 잘못 때문에 상처받고, 자신의 잘못으로 낙담하게 되면, 자신의 잘못이 어느 정도인지도 모르게 되면서 "그래, 모든 것을 다 잊어버리자"라고 말하고 싶은 마음까지 들게 된다. 당신이 정말 원하는 것은 신앙을 포기하는 것이 아니라 모든 교회직분이나 책임에서 벗어나고 또 가깝게 지내던 사람들과의 접촉을 끊고 싶은 것이다.

갈등으로 인해 당신이 낙심했다면, 나도 충분히 이해할 수 있다. 목사가 된 후 나는 사람들이 서로 하나가 되고 화해하는 경우를 쉽게 볼 수 없어서 낙심한 적이 여러 번 있었다. 한번은 성도들과 장로들이 여러 가지 문제로 심한 불화를 일으켰던 일이 있었다. 갈등을 해결하기 위해 장로들이 모임을 주선했다. 그날 저녁 교회 안으로 들어가다 지나치는 길에 목격한 장면을 나는 아직도 기억한다. 장로들과 대립된 사람들이 교회 주차장 한 쪽에 서서 기도하고 있었다. 바울과 바나바와 마찬가지로, 그들은 서로 자기네들이 옳다고 확신했던 것이다. 그러나 그날 저녁모임에서 끝내 합의를 이루어 내지 못했다. 지금도 그때를 생각하면 마음이 아프다. 결과가 달라지기를 나는 바라고 있었다. 그러나 그런 좌절이 우리로 하여금 전심으로 그리스도를 섬기는 일을 포기하게 만들 수는 없다. 히브리서 12장 2-3절의 권면을 들어 보라.

> 믿음의 주요 또 온전케 하시는 이인 예수를 바라보자 저는 그 앞
> 에 있는 즐거움을 위하여 십자가를 참으사 부끄러움을 개의치 아
> 니하시더니 하나님 보좌 우편에 앉으셨느니라 너희가 피곤하여
> 낙심치 않기 위하여 죄인들의 이같이 자기에게 거역한 일을 참으
> 신 자를 생각하라

예수님은 전혀 바람직하지 않은 상황과 관계들을 견뎌내셨다. 그러기에 우리도 견뎌내야 하는 것이다. 포기는 없다. 중단할 수도 없다. 그리스도를 위하여 지속해야 한다.

말을 적게 하라. 험담이 없어지면 다툼은 사라진다.

해결이 쉽지 않은 갈등에 직면할 때마다, 우리는 자신의 입장을 유리하게 하려고 다른 사람들에게 자초지종을 실토하고 싶은 강한 유혹을 받는다. 사실, 우리는 성경이 말하는 바, '수군거림' 또는 '험담'을 정당화하는 대단한 능력을 가지고 있다. 그러나 우리가 험담을 합리화하는 것은 갈등이 지속되도록 연료를 공급하는 셈이다. 따라서 상대방에 대한 말을 하지 않는 것만으로도 많은 인간관계의 불은 꺼질 것이다.

복종하라. 하나님이 인정하시는 권위체계를 존중하라.

곤경에 봉착했을 때, 우리가 제일 먼저 물어야 할 질문은 어떤 권위체계가 마련되어 있는가 하는 것이다. 십대자녀와 부모는 십대가 휴대전화를 가져야하느냐 마느냐는 문제로 고심할지 모른다. 십대들에

게 휴대전화가 필요하다는 십대들의 이유는, 가히 강압적이라 하겠다. 그러나 굳이 사견을 말하자면, 십대들에게 왜 휴대전화가 필요한지, 그들이 주장하는 맹랑한 해명에 나는 그리 호의적이지 못하다.

그러나 이런 경우에, 성경은 명쾌한 해답을 제시한다. 자녀들은 부모에게 순종해야 한다(엡 6:1-2). 부모의 요구가 하나님의 명령에 위배되지 않는 한, 자녀는 부모의 요구에 순종해야 한다는 것이다. 이와 비슷하게, 개교회에는 하나님이 허락하신 일정한 권위체계가 있다. 하나님은 어떤 사람은 지도자로 부르시고 또 어떤 사람은 지도자에게 순종하도록 부르셨다(히 13:17). 물론, 이 말은 지도자들이 권위를 남용해야 한다거나 사람들 위에 군림해야 한다는 뜻이 아니다(벧전 5:3). 그러나 이는 일의 진척을 위해 만장일치가 아닐지라도 지도자가 결정을 내려야 할 때가 있음을 의미한다. 이런 경우 지도력에 순복해야하는 사람들은 그 결정에도 순복해야 한다(물론, 하나님을 거역하라고 요구하지 않는 경우다).

소망 중에 기다리라. 시간은 이성과 감성이 할 수 없는 것을 치유한다.
해지기 전에 불화를 해결하기 위해 우리는 항상 노력해야 한다. 그러나 해결할 수 없을 때는, 내일에 대한 희망을 가져야 한다. 그리스도인들은 항상 세상에는 상황을 정확히 이해하기에 충분한 시간과 공간이 있어야 한다는 생각을 해야 한다. 서로가 이성적으로는 해결책을 찾을 수 없을 때, 시간과 공간의 도움을 받아 문제를 해결하고 또 치유하는 일이 우리 주변에는 비일비재하다. 당신이 난관에 봉착했는데 도저히 해결할 수 없다면, 계속 기도하며 소망을 가져야 한다. 감성과 이성이 치유할 수 없는 상처를 시간이 치유한다. 이처럼 쌍방이 그리스도 안에서 계속 성장해 가면서 발견하게 되는 치유의 역사에 당신은 놀라게 될 것이다.

너그럽게 하라. 항상 뭔가 인정할 것이 있을 것이다.

대부분의 사람들은 과거 자신의 잘못된 행동이나 태도를 쉽게 시인하지 않는다. 그러나 바울은 마가 요한을 변화시켜 유익한 종으로 만드신 하나님의 역사를 인정하는 데 자신의 자존심을 내세우지 않았다. 아마도 바울은 전에 자신이 너무 심했다고 생각했을지 모른다. 시간이 흐른 뒤, 바울은 애정을 가지고 마가 요한을 공개적으로 칭찬했다. 따라서 우리는 과거 어떤 사람과의 쓰라린 불화 때문에 다시는 존경과 관심을 보이는 일이 방해받지 않도록 해야 한다. 과거 상처의 노예가 되기에는 그리스도께서 지불하신 대가가 너무도 크고 귀하기 때문이다. 당신이 만일 부당한 취급을 받았거나, 갈등을 초래한 상황이 부당했다면, 그 문제를 하나님께 맡기라. 시간이 지나면서, 다른 사람들이 자신의 실체를 드러내며 변화될 수 있음을 기꺼이 인정하라.

결론

그리스도인은 불화를 해결하기 위해 모든 노력을 기울여야 한다.

그러나 난국에 봉착했을 때 놀라지 말아야 한다. 우리는 타락한 세상에서 살아가고 있으며, 불완전하기에 항상 모든 것을 해결할 수는 없기 때문이다. 막다른 골목에 처했을 때, 우리는 이렇게 해야 한다.

- 직면한 난관을 그대로 수용하라. 바울과 바나바가 직면했다면, 우리도 마찬가지일 것이다.
- 시선을 예수님께 고정시키고 전진하라. 포기해서는 안 된다.
- 말을 적게 하라. 험담이 없으면 다툼은 사라진다.
- 순복하라. 하나님이 임직하신 권위를 인정해야 한다.
- 기다리라. 감성과 이성이 치유할 수 없는 상처를 시간이 치유한다.

토론을 위한 질문

⚜ 왜 바울과 바나바는 서로 다른 방향으로 가기로 했는가?
⚜ 바울과 바나바의 관계에 다른 어떤 압박요인이 있었는가?

❖ 바울과 바나바가 갈라서게 됐을 때 그들은 어떻게 느꼈으리라 생각하는가?

❖ 두 그룹의 의견이 어떤 일에 일치할 수 없을 때, 상대방에 대한 험담이 왜 그리도 강한 유혹으로 다가오는가?

❖ 마태복음 18장 5-9절을 다시 읽어 보라. 이 구절들과 7장의 내용이 본 장과 어떻게 연관 되는가? 바울과 바나바가 갈라서기를 거부하고 계속 그리스도를 위해 전진했었더라면 초대교회에는 어떤 일이 있었으리라 생각하는가?

❖ 당신의 삶 속에서 이성으로는 도저히 해결할 수 없었던 상처를 시간이 치유했던 때를 기억할 수 있는가?

제16장
결론

우리가 알거니와 하나님을 사랑하는 자 곧 그 뜻대로
부르심을 입은 자들에게는 모든 것이 합력하여
선을 이루느니라

(롬 8:28).

나니아에서 그들의 모든 현세에서의 삶과 모험은 단지 표지요 제목에 불과했다. 이제 드디어 그들은 위대한 이야기의 첫 장을 시작하고 있었다. 이는 이 세상 그 누구도 아직 읽어 본 적이 없는 이야기다. 영원히 지속될 이야기며 전개되면서 각 장은 그 전 장보다 점점 더 좋아질 것이다.

C. S. 루이스

내가 가장 좋아하는 용서에 관한 실례로 이 책의 1장을 시작했다. 로날트 코튼이 잘못된 증언으로 자기를 감옥에 가게 만든 제니퍼 톰슨을 어떻게 용서했는지에 대한 이야기다. 이제는 내가 가장 좋아하는 용서에 관한 성경이야기로 이 책을 끝맺으려 한다. 요셉이 그 형제들을 용서한 이야기는 구약에 나오는 실화다. 무려 4천 년 전, 북아프리카에서 있었던 일이다. 이 성경 이야기는 이미 잘 알고 있는 것이지만 읽을 때마다 늘 새로운 감동을 받는다(창 37-40). 당신도 용서의 문제로 고전하고 있다면, 이 말씀을 깊이 묵상하길 바란다.

　이 비극적인 이야기는 이렇게 시작된다. 열 명의 형들이 요셉을 미워했다. 이 경우, 흔히 형제들 사이에 있을 수 있는 정상적인 경쟁(형이 동생을 침대에서 밀어내는 행동 따위)의 수준을 넘었다. 죽여 버리려 했던 동생 요셉을 형들이 노예로 팔아 버렸기 때문이다. 나는 요셉이 완전하지 않다는 것을 인정한다. 그는 형들이 어느 날 자기에게 절을 하더라는 꿈 이야기를 했다. 그것은 틀림없이 형들의 미움을 사고도 남을 만한 일이다. 그렇다고 그것이 노예로 팔아 버릴 정도의 일은 물론 아니었다. 어떻든 그 노예생활이 요셉에게는 힘든 시기였고 분명히 그는 억누를 수 없는 상한 감정을 끌어안고 살았을 것이다. 희미한 희망의 불빛이 보일 때마다 여지없이 방해물들의 공격을 받았다.

보디발의 아내가 최악의 거짓고발을 함으로 요셉은 감옥에 가게 되었지만 얼마 후, 그는 감옥 안에서도 신임을 얻는다. 그러다가 감옥에서 과거 왕의 유력한 신하였던 사람의 꿈을 해석해준 사건을 계기로 기적적으로 석방되어, 애굽의 총리로 세움을 받는다. 이쯤에서, 요셉의 형들의 처지가 역전되었다. 기근으로 인해 그들은 애굽으로 내려가 양식을 구걸하지 않으면 안 될 신세가 되었기 때문이다. 물론 그 형들은 요셉을 만나리라고는 꿈에도 생각지 못했다. 그러나 형들은 요셉을 알아보지 못했다. 워낙 세월이 많이 지났기도 하거니와, 요셉이 통역관을 통해서 의사소통을 했기 때문일지도 모른다. 요셉은 당장 자신을 드러내는 대신에 형들이 회개했는지 그것이 분명해 질 때까지 자신의 신분을 숨겼다.

드디어, 요셉이 더 이상 자신의 신분을 숨길 수 없는 순간이 왔다. 이 장면을 상상해보라. 형들은 요셉의 인생을 황폐하게 만들었다. 그들은 요셉을 죽이려다가 노예로 판 자들이다. 때문에 요셉은 인생의 황금기를 타국의 감옥에서 보내야 했고, 하나뿐인 친동생 베냐민과 함께 보 낼 수 있었던 성장기를 송두리 채 빼앗겼던 것이다. 형들은 늙은 아버 지와 요셉을 이산가족으로 만들었다. 요셉은 약속의 땅에서 쫓겨나, 이방 땅에 정착했다. 그에게는 온통 원망할 이유들뿐이었다. 그러나 요셉은 비통함과 원통함에 굴복하지 않았다. 그의 고백을 읽어 보라.

요셉이 형들에게 이르되 내게로 가까이 오소서 그들이 가까이 가 니 가로되 나는 당신들의 아우 요셉이니 당신들이 애굽에 판 자라 당신들이 나를 이곳에 팔았으므로 근심하지 마소서 한탄하지 마소 서 하나님이 생명을 구원하시려고 나를 당신들 앞서 보내셨나이다 이 땅에 이년 동안 흉년이 들었으나 아직 오년은 기경도 못하고 추 수도 못할찌라 하나님이 큰 구원으로 당신들의 생명을 보존하고 당 신들의 후손을 세상에 두시려고 나를 당신들 앞서 보내셨나니 그런 즉 나를 이리로 보낸 자는 당신들이 아니요 하나님이시라 하나님이 나로 바로의 아비를 삼으시며 그 온 집의 주를 삼으시며 애굽 온 땅 의 치리자를 삼으셨나이다 당신들은 속히 아버지께로 올라가서 고 하기를 아버지의 아들 요셉의 말에 하나님이 나를 애굽 전국의 주 로 세우셨으니 내게로 지체말고 내려오사 아버지의 아들들과 아버 지의 손자들과 아버지의 양과 소와 모든 소유가 고센 땅에 있어서 나와 가깝게 하소서 흉년이 아직 다섯해가 있으니 내가 거기서 아 버지를 봉양하리이다 아버지와 아버지의 가속과 아버지의 모든 소 속이 결핍할까 하나이다 하더라 하소서 당신들의 눈과 내 아우 베 냐민의 눈이 보는바 당신들에게 이 말을 하는 것은 내 입이라 당신 들은 나의 애굽에서의 영화와 당신들의 본 모든 것을 다 내 아버지 께 고하고 속히 모시고 내려오소서 하며 자기 아우 베냐민의 목을 안고 우니 베냐민도 요셉의 목을 안고 우니라 요셉이 또 형들과 입 맞추며 안고 우니 형들이 그제야 요셉과 말하니라 (창 45:4-15).

만일 요셉이 베푼 용서의 진정성에 추호의 의문이라도 있었다면, 17년 후 야곱이 죽었을 때 결판이 났어야 했다.

> 요셉의 형제들이 그 아비가 죽었음을 보고 말하되 요셉이 혹시 우리를 미워하여 우리가 그에게 행한 모든 악을 다 갚지나 아니할까 하고 요셉에게 말을 전하여 가로되 당신의 아버지가 돌아가시기 전에 명하여 이르시기를 너희는 이같이 요셉에게 이르라 네 형들이 네게 악을 행하였을찌라도 이제 바라건대 그 허물과 죄를 용서하라 하셨다 하라 하셨나니 당신의 아버지의 하나님의 종들의 죄를 이제 용서하소서 하매 요셉이 그 말을 들을 때에 울었더라 그 형들이 또 친히 와서 요셉의 앞에 엎드려 가로되 우리는 당신의 종이니이다 요셉이 그들에게 이르되 두려워 마소서 내가 하나님을 대신하리이까 당신들은 나를 해하려 하였으나 하나님은 그것을 선으로 바꾸사 오늘과 같이 만민의 생명을 구원하게 하시려 하셨나니 당신들은 두려워 마소서 내가 당신들과 당신들의 자녀를 기르리이다 하고 그들을 간곡한 말로 위로하였더라 (창 50:15-21).

나는 4장에서 성경적 용서를 "용서는 가해자를 도덕적 책임으로부터 너그럽게 사면해 주고 그와 화해하겠다는 피해자의 약속이다. 그러나 이 약속이 모든 결과까지 면제하는 것은 아니다"라고 정의했다. 그러면 이제 요셉이 어떻게 이를 실천했는지 살펴보자.

- 요셉은 회개한 형들에게 용서한다고 약속했고 평생토록 그 약속을 지켰다.
- 그는 자비롭게 형들을 용서했다. 요셉의 형들이 동생에게

용서를 받을 수 있는 방법은 어디에도 없었다. 하지만 요셉은 용서를 선물로 주었다.
- 요셉은 형들과 화해했다. 그는 형들과 가족들에게 양식을 공급했으며 공손하게 말했다.

이 이야기에서 가장 돋보이는 부분은 아마도 요셉이 어떻게 비통함을 극복했느냐는 것이다. 그는 하나님의 섭리를 굳게 믿었다(13장을 보라). 형들은 그를 해하려 했을지라도 모든 것을 통제하시며 능력이 크신 하나님은 다른 사람들의 악한 의도를 아신다. 하나님은 자신의 백성들을 위하여, 아름다운 융단을 짤 수 있는 분임을 요셉은 굳게 믿었다.

◆◆◆

요셉은 형들을 용서했다. 그는 용서하면서 하나님 말씀에 더 깊이 집중했고, 진리의 의미를 이해했다. 그리고 그 말씀을 실천에 옮겼던 것이다. 요셉은 형들을 용서했고 그들과 화해했다. 얼마나 아름다운 이야기인가! 당신이 만일 깨어진 관계의 무거운 짐에 짓눌려 있다면, 그리스도의 초청을 수용하라. 그의 멍에를 메고 그에게 배우라(마 11:29). 당신이 원하는 모든 것 중, 예수 안에서 찾지 못할 것은 아무 것도 없다. 당신은 그 안에서 영혼의 안식을 찾을 것이다. 그의 멍에는 쉽고 그의 짐은 가볍다. 용서할 때 그리스도와 같이 행하기를 두려워하지 말라. 많이 용서할수록 당신은 그리스도의 찬란한 아름다움을 더 많이 반사할 것이며, 그의 모델이 될 것임을 확신하라. 뿐만 아니라, 당신은 그리스도 안에서 최상의 기쁨과 행복을 누리게 될 것이다.

토론을 위한 질문

❖ 요셉이 형들을 기꺼이 용서한 것을 이해하는데 섭리의 개념이 중요한 이유는?

❖ 요셉의 용서는 화해를 포함했다는 사실을 요셉은 어떻게 드러냈는가?

❖ 창세기 37-40장을 읽으라. 요셉의 형 유다는 형들이 요셉을 노예로 팔 때로부터 야곱의 마지막 축복까지 그 사이에 어떻게 변했는가?

❖ 이 책의 1장은 로날드 코튼이 제니퍼 톰슨을 어떻게 용서했는지에 관한 이야기로 시작했다. 로날드 코튼의 이야기와 요셉의 이야기에서 당신은 어떤 유사점을 발견하는가?

❖ 1장에서 인용한대로, 로날드 코튼은 제니퍼 톰슨에게 "우리는 둘 다 그의 희생자다"라고 말했다. 어떤 의미에서 그리스도인은 희생자가 될 수 있는가? 또 어떤 면에서 그리스도인은 절대 희생자가 아닌가(롬 8:28-29)?